낮은 곳에 눈맞추고

현대수필가100인선 Ⅱ·27

낮은 곳에 눈맞추고

박세경 수필선

수필과비평사 · 좋은수필사

■ 책머리에

수필은 누구나 부담 없이 읽고, 마음만 먹으면 직접 쓸 수도 있는 가장 친근한 문학이다. 다른 영역의 문학이 영상매체에 밀려 신음하고 있는 중에도 수필 인구만은 날로 증가하여 바야흐로 수필 전성시대를 구가하고 있는 이유도 거기에 있을 것이다.

시대적 추세에 힘입어 수많은 수필전문지, 수필동인지가 창간되고, 이에 비례하여 신진 수필가도 날로 늘어나다 보니 이제는 그 많은 작가, 그 많은 작품 중에서 문학성 높은 작품을 가려 읽는 일이 쉽지 않게 되었다. 이런 현상은 작가에게나 독자에게나 결코 바람직한 일이 아니다. 더 나아가서는 수필을 연구하는 후세들에게도 큰 부담이 될 것이다.

이런 문제를 해결하는 데는 출판인도 마땅히 한몫을 감당해야 한다는 평소의 소신에 따라, 본사가 기꺼이 그 역할을 맡기로 했다. 그 첫 번째 사업으로 시대를 대표할 만한 수필가 100인을 선정하고, 작가가 자선한 40편 내외의 작품을 수록한 문고본을 발간하여 이를 널리 보급함으로써 그 소임을 다하고자 한다.

본사는 사명감을 가지고 이 사업을 추진해 나가기로 했다. 작가 선정을 전담할 편집위원회를 구성하고 전권을 위임하여 일체의 사적인 정실이나 청탁을 배제함으로써 전문성과 공정성을 확보해 나갈 것이다.

따라서 이 기획물 속에는 작가의 문학정신뿐만 아니라, 본사의 문학사적 기여 의지와 편집위원 제위의 수필문학에 대한 애정과 문인으로서의 양심이 함께 담겨 있음을 자부한다. 다만, 작가를 선정하는 기준에는 많은 견해의 차이가 있을 수 있고, 선정 과정에서도 미처 챙기지 못한 부분이 있을 것이라는 사실만은 인정하지 않을 수 없다. 이 점에 대해서는 관계자 여러분의 양해 있으시기 바란다.

이 시리즈의 발간 순서는 작가, 또는 본사의 사정에 의한 것일 뿐 그 밖의 어떤 기준도 적용하지 않았음을 밝힌다.

본 기획물이 시대를 초월한 많은 수필 애호가들의 관심과 애정 속에 우리나라 수필문학 발전에 한 이정표가 되기를 바랄 뿐이다.

본사에서는 이상과 같은 취지로 『현대수필가 100인선』 전 100권을 완간하여 큰 반향을 불러일으킨 바 있다.

그러나 우리 수필문단의 규모나 수필문학의 수준에 비추어 선정 작가를 100인으로 한정하는 것은 형평성이나 효율성 면에서 크게 부족하다는 의견이 많았고, 본사 또한 이를 통감하던 터라 기꺼이 『현대수필가 100인선 II』를 발간하기로 했다.

본사의 충정에 찬동하여 출판에 응해주신 저자 여러분에게 감사한다.

2015년 9월

수필과비평·좋은수필 발행인 서정환
현대수필가 100인선 간행 편집위원 박재식　최병호
정진권　강호형
오세윤

| **차례** | 현대수필가100인선Ⅱ

1_부

검색에서 심판까지 • 12
조각보로 엮어가는 삶 • 16
모기사냥 • 19
말 한 마디의 파장 • 23
은사와 달란트 • 28
마르지 않는 샘물 • 31
나를 지켜준 가훈 • 35
꽃같은 사람들 • 39
보람에 산 나날들 • 46
오색 털바지 • 52

2_부

꼬맹이의 불효 • 56
낮은 곳에 눈맞추고 • 62
철들고 싶지 않아 • 68
웬 극기 훈련 • 71
잃어버린 고향 • 75
꼴머슴 장손이 • 89
어떤 무관심 • 93
달아달아 밝은 달아 • 96
하늘색 찾기 • 101
재건 데이트 • 104

3_부

▌바닥집 삼제 ● 110
▌더없이 소중한 것 ● 115
▌다 워딜 간기여 ● 120
▌내 영혼이 맑던 날 ● 124
▌남편은 구두쇠 ● 130
▌천일야화 ● 134
▌살다보면 ● 138
▌딸도 아니었습니다 ● 144
▌여행의 묘미 ● 148
▌노옹의 회고담 ● 155

4_부

추억 여행 • 162
일하는 엄마로 살아가기 • 168
비둘기 밥값 • 172
살만한 세상 • 175
명수와 고수 그리고 하수 • 180
평화열차 • 184
모두가 욕심이었다 • 193
팝콘을 보면 • 197
우리의 소원 • 201

■ 작가연보 • 204

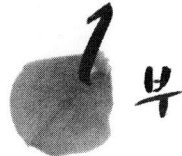

검색에서 심판까지
조각보로 엮어가는 삶
모기사냥
말 한 마디의 파장
은사와 달란트
마르지 않는 샘물
나를 지켜준 가훈
꽃같은 사람들
보람에 산 나날들
오색 털바지

검색에서 심판까지

 여고 동창들과 미국의 서부 사막을 버스로 달려 라스베가스를 찾아가는 길이다. 라스베가스가 멀리 보이는 곳에서 이제껏 없던 검문을 한단다. 법적으로나 도덕적으로 큰 흠이 없는 사람만 받아들이기 위해서라는데 대형화면을 통해 통과 방법을 알려준다. 켜진 컴퓨터의 바탕화면에 나와 있는 아이콘들을 눌러 60점 이상이 되면 문이 자동으로 열린다.

 아이콘들은 만국공통어인 그림으로 봉사, 자선, 근면, 양보, 준법 등과 같이 일상의 도덕률에 관련된 것들이다. 40여명의 친구들이 여러 개의 검색대에 차례로 올라가 어떤 친구는 단 한 번에, 어떤 친구는 두서너 번 만에 문이 열려, 건너편에 대기 중인 버스에 올랐다.

 내 차례가 되었다. 자신 있게 봉사를 눌렀다. '삑' 소리와 함께 0이 떴다. 근면을 눌렀다. 또 '삑-' 마음이 급하고 초조해져 이것저것 눌러보았지만 모두 '삑-'이고 점수는 0만 나왔다가 사라졌다. 컴퓨터 고장인가 싶어 다른 컴퓨터로 옮겨 가 양보를 눌렀다. 또 '삑-'

혼자 남아 쩔쩔매는 내가 딱했던지 버스에서 기다리던 한 친구가 쫓아와 훈수를 해 줘도 문은 열리지 않았다. 다시 그 친구가 통과했던 컴퓨터로 갔지만 별수가 없다. '이럴 수가?' 마음은 급하고 초조할 뿐만 아니라, 창피하고 억울해서 눈물이 났다. 그 때 친구가 "얘, 너 혹시 겉으로만 착한척하고 속으로는 딴청을 했던 건 아니니?" 하고 일격을 가했다. 나는 더 버틸 힘을 잃고 주저앉으면서 말했다.

"너희들 먼저 가. 나는 호텔 이름을 아니까 나중에 찾아갈게."

친구는

"암만해도 그래야 될 것 같다. 내가 남아 같이 있고 싶지만 나는 햇빛 알러지가 있어서 이런 사막에 오래있으면 안 돼."

하고는 돌아섰다.

"아냐. 이건 아냐."

나는 소리를 버럭 지르며 벌떡 일어섰다. 순간 문이 활짝 열리는 서슬에 놀라 깼다.

참으로 황당하고도 후련한 꿈이다. 잠을 깨고도 생생해 주변을 다시 둘러본다. 동창들과는 20여 년 전에 실제로 사막을 달려 라스베가스 까지 간 일이 있다. 그렇지만 난데없이 왜 이런 꿈을 꾸었는지는 알 수가 없다.

우리가 비행기를 타려면 먼저 가방이나 두터운 겉옷, 주머니세간들을 바구니에 담아 검색대에 넣고, 사람은 좁은 문틀을 지나 다시 방망이 같은 것으로 검색을 받는 모습이 떠오른다. 모두의 안전을 위해서라지만 결코 유쾌한 기분은 아니다. 더구나 조금 전 나는, 자신 있게 커서를 움직여 선택한 아이콘들이 모두 내 뜻을 거부하는 검색대에서 끝 모를 절망감까지 맛보지 않았던가.

문득 사후세계에 생각이 미친다. 최후의 심판을 받기위해 심판대에 서는 순간 꿈에서와 같은 경우를 당한다면 어떻게 할까. 여행은 중도에서 포기하고 귀가할 수도 있고 목적지를 변경할 수도 있다. 그러나 사후의 심판은 문을 못 열어도, 안 열려도 달리 내가 취할 방도는 없을 것이다. 절대자의 뜻에 따를 뿐….

내 삶을 돌아보면 친구의 말대로 안과 밖이 꼭 일치 했다는 보장도 확신도 없다. 선의나 인내란 이름으로 포장해 드러나지 않았던 거짓이나 미움과 질시, 증오와 원망까지. 전지전능의 하나님은 모두 알고 계실 것 같아 몹시 두렵다.

오늘부터 우리 교회에서는 1주일간 특별 새벽기도회가 시작되는데 출석을 안 한 것도 마음에 걸린다. 일어나 무릎을 꿇고 하나님을 구주로 삼고 지은 죄를 회개하면 값없이 구원에 이른다는 말씀을 묵상해 본다. 아슴아슴 밝아 오는 새벽빛에 어둠과 두려움이 함께 밀려나간다. 참 다행이다.

조각보로 엮어가는 삶

 모양도 색도 시공도 다른 내 삶의 조각들을 꺼내본다. 오욕五慾 칠정七情에서 한 가지도 벗어나지 못한 삶이다. 그 조각들은 마구 뒤섞여 갈피를 잡기 어렵다. 앨범을 정리하듯 구분을 해 본다. 기쁨과 슬픔, 성취와 실패, 신뢰와 배신, 사랑과 미움 등등…. 정말 많고도 다양하다. 이리 나누고 저리 섞기를 거듭하며 내 삶도 오색 아니면 무지개색 조각보로 만들고 싶다는 생각을 해본다.

 어머니가 내 혼수로 만들어 주신 조각보는 모두 네 개였다. 각양각색의 작은 조각보는 헝겊자투리를 무색과 채색으로 나누어 싸두라고 두 개. 큰 조각보는 반짇고리 보. 세모가 일정한 베보자기는 밥상보. 그 보자기들은 지금 내 손에 하나도 없다. 베보자기는 필요에 따라 오래 요긴히 쓰다가 낡아서 버렸고,

다른 비단 조각보는 어머니의 수공과 정성이 아까워 장롱속에 간직만 하다가 옛 물건을 모아 전시하는 행사에 보내서다.

이제 조각보는 우리 생활에서 사라진 지 오래다. 더러 퀼트라는 이름으로 아기 이불이나 요, 기타 장식품으로 만들어 쓰는 부지런하고 솜씨 좋은 엄마들도 있지만 실용성을 우선하는 현실은, 소모적이라는 이유로 외면하고 있다. 대신 다양한 프린트 천이 그 아름다움을 대신한다. 며칠간 씨름을 해, 폐기와 보류, 활용으로 분류하기를 끝낸다.

활용은 기쁨 성취 사랑 신뢰 등, 색이 곱거나 모양이 반듯한 것, 내용이 충실하다 생각되는 것 들이다. 방안 가득히 늘어놓고 궁리가 많다. 동그라미, 네모, 여섯모, 여덟모. 우선 끼리끼리 놓아보자. 사랑만 해도 상대가 다르고 주고받는 것도 일방적인 것과 쌍방적인 것이 있다. 성취나 기쁨도 가지가지. 모아놓고 보니 자기 미화가 지나치다.

보류 무더기를 뒤적여 본다. 몇 년에 한번 입을까말까 하는 옷, 언제 신을지 모르는 신발을 이런저런 이유를 달아 버리지 못하듯이 성취나 실패라 이름 지을 수는 없지만 애착이 가는 수많은 사연들…. 몇 가지 추려서 귀퉁이에 끼워 넣어본다. 아직 얄팍한 속내가 훤히 드러난다.

폐기처분 할 것들을 다시 펼쳐본다. 나태와 분노, 원망 등의 허접 쓰레기들, 내 추한 모습이다. 그 외에도 내 이익을 위해 남의 손해를 외면 한 일, 절망에 미움 시기 질투 비방까지 줄줄이다. 얼른 종량제 봉투에 꾹꾹 눌러 담아 주둥이를 비끄러맨다. 순간 내 생의 마디마디마다 들려왔던 음성이 내 귀를 때린다. "너는 내 것이라. 고난도 기쁨도 곧 지나가리니 피하지 말라." 반갑다. 바로 그 음성이 내 삶이 버거워 포기하고 싶을 때 마다 기사회생의 단초가 되어 나를 하나님의 자녀로 살아가게 하지 않았던가.

 절망에서 희망으로의 소생은 순탄한 행복을 뛰어 넘는 보람이기도 했다. 봉투를 다시 풀어 칙칙하고 큼직큼직한 조각들을 꺼내 이곳저곳 비집고 끼워 넣어 본다. 비로소 비단 아닌 무명이나 삼베 같은 소박한 모습이다. 이제 봉투에는 남은 것이 거의 없다.

 어머니가 만드신 조각보와는 색도 솜씨도 정성도 비교가 안 되지만 나를 쏙 빼닮았기에 애착이 간다. 곱고 아름다운 조각보를 모아보려던 욕심을 접고 무채색까지 어우러진 나만의 조각보를 만들기로 마음을 굳힌다.

 성에 차지 않더라도 내 모습 그대로, 어머니의 마음까지 되새김질하면서 한 땀, 한 땀 이어 붙여 보련다.

모기 사냥

 노염이 가시나 했더니 생각지 않은 방문객 모기의 공세가 만만치 않다. 망창 단속도 하고 약도 뿌리고 향도 피우지만 하루 이틀만 방심하면 짧은 하룻밤을 전쟁으로 지새운다.
 이즈음엔 자주 아이들과 남편이 밤중에 일어나 약을 뿌리고 모기를 잡겠다고 소동을 벌리지 않으면 푼수녀가 소리 없는 전쟁을 치른다. 그녀는 냄새가 싫어 모기약을 사용하지 않지만 나름대로 사냥 법을 익혀 수준급이다.
 그녀는 잠결에도 애-앵, 애-앵 하는 경보음을 듣거나 이곳저곳이 가려우면 얼른 얼굴만 내놓고 홑이불을 목까지 덮는다. 그리고는 손을 재빨리 움직일 수 있는 상태로 기다린다. 어두워도 모기가 볼이나 귀 바퀴에 내려앉는 기척을 촉감으로 느낀다. 그때 재빨리 손으로 때려잡고는

"그러면 그렇지. 어찌 미물이 사람의 꾀를 따르랴?"

하고 다시 기분 좋게 단잠에 빠진다.

그런데 지난밤에는 얼마나 영악한 놈들이었던지 오랫동안 그녀가 터득한 수단을 잘도 피했다. 게다가 놈들은 손에 잡히지도 눈에 띄지도 않고 파상공격으로 약을 올릴 대로 올렸다. 그래서 새벽 동이 틀 때까지 누웠다 일어났다 불을 켰다 껐다를 반복하며, 날이 밝으면 약도 독한 것으로 뿌리리라 다짐도 했다.

그런데 오늘 아침, 선잠으로 졸린 눈을 비비고 일어난 그녀의 눈에 배가 검붉은 색으로 터질듯 한 모기 한 마리가 정면 벽에 붙어 미동도 않는 게 확 들어왔다.

"아, 고놈 참!"

그녀는 감탄까지 하면서 옆에 있던 잡지를 집어 사정없이 내리쳤다. 고놈은 직격탄에 시체조차 몰라보게 피범벅만 남기고 으스러졌다. 순간 쾌감으로 번지던 옅은 미소가 자신의 잔인함에 놀라 굳어졌다.

그때였다. 왼쪽 구석에서 무엇인가가 날아올랐다. 황급히 쫓아가 두 손바닥을 마주쳤다.

"아니, 이 녀석은 내 피를 더 많이 빨아 먹었네. 세상에…."

양손 바닥은 피범벅, 한 쪽 손바닥에는 모기 시체가가 납작한 형체로 남고

"그러면 그렇지."

나지막하지만 흔쾌한 목소리다. 밤새 자신의 피를 빨아 먹고 잠을 설치게 한 놈이 아닌가.

"내 비록 미물인 너희들을 참혹하게 죽였지만 내 탓은 하지 마라. 그것은 순전히 선전포고도 없이 무차별 선제공격을 해온 네 놈들 탓이니라. 요즈음 세상에 누가 가만히 누워 제 피를 빠는 놈이나 빨아 먹은 놈들을 그대로 둔다더냐?"

"……."

"뭐라고? 선전포고는 했다고? 먼저 애-앵, 애-앵하고 달려들었으니까. 그렇다고 해서 나를 부당하다고는 말하지 마라. 이런 경우를 자업자득自業自得이라 하느니라."

오늘 따라 푼수녀의 사설이 길다. 그 동안 여러 가지 방법으로 수없이 모기를 잡아 왔지만 모기 시체를 들여다보며 오늘처럼 자업자득을 들먹인 일은 없다. 차라리 인과응보론因果應報論을 전개하고 싶었던 것은 아닐까?

그래서 모든 잘못은 모기에게 있다는 것을 말하려는 것일까? 그런데 아닌 것 같다.

"너 우리 고향에서 키우던 소를 아니? 송아지는 물론, 덩치가 큰 황소도 아무리 쇠파리가 귀찮게 하고 너희들 모기가 떼로 덤벼들어도 꼬리를 흔들어 쫓고 몸을 움직여 피하기를 거듭할 뿐, 때려잡지는 않았단다. 그때는 어른들도 약을 뿌리는 대신 낮에 풀 한 짐 베어 놨다가 해가지면 시들시들해진 풀을 태워 매운 연기로 너희들을 쫓아냈고 나와 동생들은 모기장을 치고 잠들었는데 새삼 그 시절이 그립구나."

 푼수녀가 갑자기 진저리를 쳤다. 잠시의 쾌감이 한기로 다가왔을까?

말 한 마디의 파장

 바깥 밥 싫어하는 남편 덕에 과일, 야채, 나물, 소위 웰빙 밥상이었는데 대장암이라니, 혈변에도 치질이려니 무심했는데…. 얼마나 진행됐는지도 얼마나 잘라내야 할지도 열어봐야 안단다. 아찔 현기증이 났다.
 입원 날은 다가오고 홀로서기가 안된 남편을 위해 이곳저곳에 메모지를 붙이며 집단속을 했다. 입원 전 날에도 무심히 TV만 보는 남편. 나는 장롱 서랍을 가르치며 말했다.
 "여보, 여기는 속옷, 여기는 양말… "
 "내 걱정 말고 내일 병원에 가져갈거나 제대로 챙겨."
 말투는 여전히 퉁명인데 눈가가 촉촉하다. 순간 나도 모르게 다리가 풀리며 가슴이 뭉클했다.

남자조무사가 나를 이동 침대로 수술 직전의 대기실로 옮겼다. 가족은 대기실 문 밖에, 나는 안에 격리 된 채 온전히 의료진에게 맡겨졌다. 잠시 후, 몇 사람이 들어와 코에 마취제를 대고 "숨을 크게" 하더니, 수술실로 데려갔다. 곧 내 몸은 좁은 매트리스로 옮겨지는 것 같으면서 의식이 멀어져 갔다.

　춥다. 특히 두 발과 어깨와 팔이 덜덜 떨린다. 사람들의 말소리가 멀리 들리고 눈도 조금씩 움직여진다. 그때 누군가가 가까이 와 흔들고 때리고 눈을 뒤집으며 정신이 드느냐고 묻는다. 차츰 정신은 드는데 몸이 움직여지지 않는다.
　"너무 추워요. 오른 쪽 어깨와 팔 좀 따뜻하게 해주셔요."
　내 말에 그녀는 이불속에 손을 넣고는
　"이렇게 따뜻한데 추워요? 이 할머니는 이상하게 추워, 추워 하면서 정신이 안 드네."
하고는 원통 같은 물건을 배 쪽에서 오른 쪽 가슴께로 옮겼다. 그것은 일종의 온풍기로 경직되었던 살들이 풀리면서 살살 잠이 온다.　그때
　"늙은이들은 엄살이 심해. 신경을 써 주면 더한다니까. 가서 다른 일봐."
하는 소리가 가슴을 오그라들게 한다.
　"아냐, 혈압도 60에서 1시간째야. 올라가질 않아."
　그녀가 계속 내 곁에서 손과 발, 고개를 흔들며 말을 시키니

늙은이의 엄살이라 하던 목소리와 비교되어 몹시 고맙다.

그렇게 나는 대장을 한 뼘쯤 잘라내고 세상으로 되돌아 왔다. 항암치료가 시작되었다. 음식은 물론, 물도 음료수도 못 넘기고, 구토, 설사에 시달리다 응급실에 재입원하는 소동 끝에 퇴원, 하루 19가지 약을 복용하는 나날이 계속되었다.

기도와 찬송으로 얻는 평안은 잠간, 먹지 못하고 깊이 잠들지 못하는 24시간은 너무 길었다. 약은 줄어들어도 여전히 힘이 들어 '차라리 회복실에서 깨어나지 않았더라면 좋았을 걸' 했다.

그래도 순간순간 '늙은이의 엄살'이라던 말 한마디가 쏜 화살처럼 마음에 박혀 잊혀 지지 않았다. 일과가 회복실 환자와의 생활인 그녀에게는 체험으로 얻은 결론이었을 것이다. 그러나 늙은이도 늙은이 나름이다. '내게 엄살은 없다.' 라고 다짐했다.

2차 항암치료를 받으면서는, 일상이 너무 힘에 부치고 점점 자신이 없어졌다. 덧없는 인생살이지만 떠날 준비가 급하다는 생각이 들었다. 부종으로 5kg이나 늘어난 체중, 힘들고 숨이 차면 누워서 책을 읽고 글을 썼다. 두서없이 생각나는 대로, 될 수 있으면 즐겁고 보람 있었던 일들을 찾아 끄적였다. 가족들에게는 간단한 유서를 써 컴퓨터에 저장했다 지우기를 거듭했다.

남편은 가난한 농촌출신에다가 8남매의 장남. 나는 서울 태생에 8남매 외동딸로 꿈속에 사는 여자였다. 더구나 남편에게는 유난히 장남 의식과 가난한 부모님과 형제자매에게 빚 진자로서의 의무감이 강했기에 우리 부부만의 생활은 없이 살았다. 먹고 살며 시동생 시누이 결혼 시키고, 공부하려는 동생들은 진학도 시켜야 했다.

남편과 24년 차이인 막내 시동생과 우리 아이들 까지 결혼시켜 살림 낼 때 까지는 늘 대 가족이라 분주다사 했고, 시모님이 치매로 대소변을 못 가리시던 시간은 최악이었다. 낮에는 내가, 밤에는 남편이 곁을 지켰지만 내가 더 견딜 수 없어 결국은 병원에 모시고 나서 자책하던 남편을 생각하면, 그에게도 말년을 복되게 살 권리가 있고 하나님의 축복이 있어야 했다. 그 시모님 가신지 이제 1년이다.

남편에게는 모든 의무감에서 벗어나 홀가분하게 새 생활을 엮어가라 당부했고, 나는 자유롭고 싶으니 화장해 멀리 멀리 날려 보내 달라고 간절히 부탁을 했다. 내 연금은 손자 손녀들에게 할아버지 인기 관리를 위해 선선히 쓰라고도 했다. 딸과 아들에게는 아버지께 빨리 좋은 동반자를 만나도록 권유할 것과 공경과 순종으로 받들 되, 유산은 작은 것이라도 탐하거나 바라지 말라 일렀다.

이런 나를 주위에서는 지독하다며 나무란다. 이웃에 사는 아들도 "엄마는 정말 못 말려." 하며 난색을 짓곤 했다.

오래지 않아 수술 후, 3년이 된다. 이제 나는 암을 이겨냈다고 믿는다. 첫째는 하나님의 은혜요, 다음이 의료진의 지시에 잘 따르고, 내 일은 내 힘으로 꾸려가겠다는 일념이 회복에 도움을 준 것 같다.

한 사람의 환자를 치료하기 위해서는 여러 사람의 연구와 의술이 필요하다. 하지만 그보다 앞서는 것이 환자에 대한 의료진의 정성이고 스스로 일어서려는 노력이다. 내게 성의를 다 해준 의료진들이 참으로 고맙다. 그들에게 돌아 갈 감사가 그녀의 말 한 마디로 하마터면 물거품이 될 뻔했다.

은사와 달란트

"당신은 어떤 은사를 받았나요?"

뜻밖의 질문에 몹시 당황했다. 나는 내 일상이 모두 하나님의 은혜거니 여기고 좋은 일에는 감사, 나쁜 일에는 되돌아보기 정도의 믿음으로 사는 기독교인이다. 그러면서 터득한 내 나름의 결론은 하나님은 교만한 자를 가장 싫어하신다는 것, 그래서 목이 곧은 자는 아니 되기를 소망하며 산다.

그런데 그녀의 질문은 하나님이 내게 주신 남다른 능력에 대해 묻는 것 같아 대답이 궁했다. 그렇다고 답을 피할 형편도 아니니 더욱 난감했다.

"내게는 남다른 능력보다는 남을 섬기라는 소임만을 주신 것 같아요."

순간 실망했다는 표정의 시선이 내 안면을 훑고 지나갔다.

그녀는 기도를 통해 하나님과 소통하고 남의 병을 치유하며, 여러 가지 어려운 문제를 해결하고, 미래에 대한 예언까지 할 수 있는 능력을 받았다고 한다. 그로부터 나는 늘 기독교에서 말하는 조건 없는 죄 사함(恩赦)과 주시는 대로(恩賜)에 감사했을 뿐, 더 바라지 않는 자신이 곧 게으른 종은 아닐까하는 생각에 묘한 수치심을 갖게 되었다.

성경에는 주인이 집을 비우면서 세 사람의 종을 불러 각각 자기 재물의 일부를 맡긴다. 마태복음(25장14-30절)에는 한 달란트, 두 달란트, 다섯 달란트를, 누가복음(19장11-27절)에는 각각 은 일 므나 씩을 맡겼다고 되어 있다. 주인이 돌아와 셈을 했을 때, 열 배 다섯 배로 늘린 종에겐 칭찬과 상이, 그대로 땅에 묻어두었던 종에겐 게으른 종이란 말로 가차 없이 내쳐졌다. 어려서는 무능했지만 정직한 종을 매몰차게 내치는 주인이 야박해 보였다.

그런데 사회생활을 하다 보니, 마땅히 자기가 해야 할 일을 남에게 슬쩍 미룬다든지, 약속을 제대로 지키지 않는 등등……. 게으른 동료나 이웃이 끼치는 해악이 결코 적지 않다는 것을 알게 되었다. 그때서야 성경에서 주인의 기대를 저버린 종에게 내려진 단호한 결단이 이해되고 꼭 필요하다는 것을 깨달았다.

그로부터 나는 달란트나 므나는 하나님이 맡긴 의무이고 소임이라 생각했기에 궂은 일상까지도 피하지 않고 열심히 살았다. 절대자 하나님이 아버지고 내가 그 분의 딸이란 사실이 늘 흡족했기에 다른 욕심도 없었다. 따라서 그녀와 같은 열망도 부족했고, 기도나 전도, 묵상에도 소홀한 것이 사실이다. 아니 오히려 남다른 비범함보다는 매사에 평범한 안일을 즐기다보니 주인이 맡긴 재물을 그대로 땅에 묻어 둔 게으른 종과 같았던 건 아니었을까.

그럼에도 불구하고 나는 주시는 대로의 은사 이상을 간구하지 않는다. 순종이 제사보다 우선이라 믿기 때문이다.

마르지 않는 샘물

"안경 벗고 들어가 어른들 뵈어라"

결혼하던 해 양력으로 섣달 그믐날, 서울 새댁이 전의全義 큰댁으로 첫 명절을 쇠러 갔을 때였다. 대문에 들어서자 세 번째 뵙는 시할머님이 말씀하셨다. 40여 년 전만 해도 젊은 사람이 어른들 앞에서 안경을 쓰고 있는 것은 불경不敬이었다.

"질부가 우리 조카를 무척 좋아했다지?"

"시골 가면 물동이도 이고 오줌동이도 인다고 했다며? 아무렴, 부창부수夫唱婦隨라. 남편이 똥장군 지고 들에 나가면 아내는 오줌동이 이고 따라 가야지."

"안경을 썼다더니 오늘은 안 쓴 것을 보니 조카 말에 절대 순종한다는 말이 맞는가 보네."

큰 사랑에서는 대소가 어른들 여러분이 우리 내외의 절을 받으셨다. 할머님은 일일이 항렬行列과 촌수를 따져 관계와 호칭呼稱을 일러 주셨고 어른들은 나름대로의 덕담德談과 생면生面 인사 말씀들을 해주셨다.

그러나 내 마음은 이게 도대체 무슨 말씀들인가 싶어 당황했고 '남편이?' 하는 낭패감으로 화가 났다. 그런데 말씀을 듣다 보니 신학문을 한 서울 색시가 이 댁 맏며느리로 가당치도 않다는 대소가 어른들 말씀에, 누군가가 신랑의 위신을 세워주면서 내 편을 들어 과분한 칭찬을 하셨던 모양이었다.

덕분에 나는 대소가의 과분한 기대와 사랑에 적게나마 부응할 수 있었고, 숱하게 부딪히는 크고 작은 어려움 속에서도 큰 위로와 용기를 얻었다. 훗날 그 모두가 시할머님과 시백부님의 배려였음을 알고 감사했다. 두 분은 당시 의례적인 인사차 우리 친가를 방문하셨던 날로부터 돌아가실 때까지 내게는 더 없는 우군友軍이고 원군援軍이셨다.

시할머님은 큰 아드님은 한의사, 작은 아드님은 중농, 셋째 아드님은 초등학교 교장선생님으로 노후가 다복하셨다. 그럼에도 불구하고 죽으면 썩어질 육신 아끼기보다는 부지런히 써야 된다며 잠시도 쉬지 않으셨다. 늘 스스로 필요한 곳을 찾아 움직이셨고, 맞벌이를 했던 우리 내외를 위해서는 80 고령임에도 아이들 돌보는 일까지 마다하지 않으셨다.

우리 내외가 어렵사리 집을 마련하고 얼마 지나지 않아서의 일이다. 긴축일변도로 푸세식 변 처리 비용까지 아낄 때였다.

인부들은 통에 절반만 퍼 담아 통수를 늘리기도 하고 닦아 낸다는 핑계로 물을 과하게 부어 씻어내기도 했다. 그래서 보통은 화장실 앞에 서서 통수를 일일이 확인해야 했다. 하루는 시할머님이 전후 사정을 확인하신 후 내게 넌지시 물으셨다.

"저 사람들이 안 퍼 가면 네가 푸겠니? 아니면 저들이 받는 돈의 열 배를 주면 네가 그 일을 하겠니?"

내 대답은 당연히 못 해요 였다.

"그러면 변소 앞에서 통수를 세지 말고 딴 일을 봐라. 네가 할 수 없는 일을 해주는 고마운 사람들인데 후하게 대접해야지 야박하게 해서 되겠니?" 온화한 얼굴로 하신 말씀이었지만 내게는 추상秋霜과 같았다.

어느 토요일 오후 할머님 뫼시고 장을 보러 갔다. 상점보다는 싼 것을 찾아 노점을 돌며 여러 가지 채소를 샀다. 시할머님은 말없이 따라다니시며 수시로 나를 꾹꾹 찌르시거나 옷을 잡아 끄셨다. 돌아오는 길에

"오죽하면 제 가게도 없이 장사를 하겠니? 덤 한줌 더 받는 것도, 돈 몇 푼 깎는 것도 모두 말고 네가 한술 덜 먹어라."

하고 이르셨다. 알뜰살뜰 살림 잘살겠다고 덤이나 에누리에도 익숙해져 가던 손주며느리는 시할머님의 인품에 백기투항해 덤과 에누리하는 버릇을 버렸다.

추운 겨울날이면 나는 설거지를 하기 전에 남은 음식 찌꺼기들을 모아 개밥 그릇에 아무렇게나 들어붓고 들어오곤 했다.

하루는 뜰에서 인기척이 나기에 내다봤더니 할머님이 개밥을 먹이시는데 김이 모락모락 났다. 언젠가 털 가진 짐승들도 더운 음식을 먹이면 떨지 않는다는 말씀을 듣고도 작은 수고를 마다한 내 자신이 얼마나 부끄러웠는지 모른다.

수재민이 많았던 어느 해 여름, 그들을 위해 헌 옷을 추려내 놓고 있는데 할머님은 어느새 반짓고리를 들고 나오셨다. 단추나 자크, 터진 곳을 손봐서 보내주려는 배려였다.

그 시절에는 방물장수라고 해서 집안에 필요한 소소한 물건들을 보따리나 광주리에 담아 이고 지고 다니며 파는 사람들이 있었다. 하루는 방물장수가 마루 끝에 앉아 쉬고 있는데, 때마침 밖에서 뛰어 놀다 들어온 여섯 살짜리 아들놈이 그녀 앞에 와 넙죽 절을 하고 방으로 들어가는 게 아닌가. 순간 집에 오신 어른들께는 의례 절을 하도록 버릇 들인 것은 생각하지 않고 곱지 않은 내 눈총이 아들의 뒤를 따랐다.

"아이들이 어른에게 인사해서 손해 보는 법은 없느니라."

은밀히 말씀하셨다. 할머님의 마음을 알았던지 박물장수는 장차 크게 될 아이라는 말로 절에 답했다.

할머님은 이렇게 먼저 상대를 배려하셨고 집안의 화목을 도모하며 바르게 사셨다. 그러나 그것은 지식이나 학력에서 비롯된 것이 아니다. 할머니의 진솔한 삶을 통해 터득한 지혜의 샘에서 솟아나던 마르지 않는 샘물이었다. 나는 지금도 내 목이 마르면 할머님의 샘물로 갈증을 풀고 싶다.

나를 지켜준 가훈

10여 년 전, 아들네가 좀 큰 아파트를 장만해 살림을 났을 때다. 우리 집에서는 손녀자매가 한방에 2층으로 놓고 쓰던 침대가 오랜만에 분리되어 각각 제방을 찾아갔다. 어리지만 제 취향대로 방을 꾸미고 정돈하며 들뜬 손녀 자매들을 바라보는 내 마음이 그지없이 흐뭇했다.

이사를 했어도 녀석들은 같이 살던 정 때문인지 토요일이면 가끔 우리 집에 와서 자고 갔다. 그러던 어느 날, 거실에서 뒹굴던 작은 놈이 중얼거렸다.

"우리 집에서는 혼자 있으면 무서운데 할머니 집에 오면 왜 안 무섭지? 참 이상하단 말이야."

아들네와 우리 집은 크기가 같았지만 4대가 함께 살던 우리 집과는 달리 저희 네 식구만 사니 고적했나 보다.

그래서 어떤 집에 살 때가 제일 좋았냐를 물었다. 녀석들은 새로 이사한 큰 집도, 할머니 집도 아닌 오피스텔이라고 했다. 뜻밖이다. 오피스텔은 시모님 병환이 위중하셔서 잠시 아들네가 나가 살았던 곳이다.

무에 그리 좋더냐는 내 물음에 큰손녀는

"우리 네 식구가 오글오글 살았잖아요. 거기는 침대도 없이 매트 두 개 붙여놓고 같이 뒹굴고, 간지럼 태우고 아빠 등에 말 타고, TV도 똑같은 것 보고, 그런 게 모두 참 재미있었어요."

했고, 작은 손녀도 한 마디 거들었다.

"자다가 일어나면 식구가 다 보이는 게 좋고요, 라면 끓여 냄비 채 둘러 앉아 먹는 것도 좋았어요."

어린 시절, 나도 그렇게 살았던 기억이 떠올라 미소 짓게 했다. 6.25때 피난 가서 아래 윗방에 어머니와 우리 8남매가 그야말로 오글오글 모여 살 때였다. 부엌세간은 냄비 두어 개에 양재기 여남은 개, 누가 오면 그릇은 물론 수저도 모자랐다. 끼니는 거르지 않았지만 음식은 거칠고 양도 넉넉하지 않았다. 그래도 불평은 없고 서로서로 눈치껏 아쉬운 수저를 내려놓아 행동이 느린 아우나 형, 때로는 남은 음식으로 끼니를 때우시는 어머니를 챙겼다.

밤이 되어 한 이불에 몇 명씩 발만 넣고 자려면 늘 추워 몸을 웅크리곤 했다. 그래서 자리다툼에 이어 이불을 끌어당기고 미는 소동이 벌어지곤 했다. 그 속에서 웃고 울기도 했지만 얼마나 애틋하고 정겨웠든가?

요즘처럼 자식 하나만 낳아 떠받들고 사는 세상에서는 결코 맛 볼 수 없는 우애와 배려가 넘쳐났다. 그런데 불편한 오피스텔에서 손녀 자매가 그런 체험을 했다니 얼마나 다행이던지.

금년에 큰 손녀가 대학생이 되었다. 나는 진즉부터 졸업선물로 책가방과 지갑을 사주겠다는 약속을 했다. 어느 날 우연히 백화점에서 만나, 수험생들에게만 특별할인이 된다는 명품 지갑 하나를 사주었다. 내친 김에 책가방도 사주겠다는 할미에게 손녀는 예상보다 비싸다면서 더 생각해보고 사겠다고 해 보류했다. 그래서 개학 무렵에 채근을 했더니

"할머니, 저 가방은 개학하고 선배들 들고 다니는 걸 보고 살래요."

한다. 그러면 돈을 주겠다니까

"선물은 지갑만으로도 충분해요."

하고는 덧붙여 말했다.

"할머니, 옷이나 가방 같은 걸 명품으로 갖는 것 보다 나를 명품으로 가꾸는 게 먼저인 것 같아요."

어느새 훌쩍 커버린 녀석이 대견한지 곁에서 손녀를 바라보는 할아버지 얼굴에 환한 미소가 번진다.

우리가 처음으로 어렵게 작은 집을 사 이사를 했을 때가 생

각났다. 시백부께서 붓글씨로 써 액자에 넣어주신 집들이 선물인 가훈은 신의성실信義誠實 근검절약勤儉節約 묵인자숙默認自肅이다. 결혼 한 후 3년, 유난히 자신에게 인색해 내게 왕구두쇠라 불렸던 남편. 그에게는 처자식 외에도 보살펴야 할 부모와 형제가 일곱이었다.

그 동안 떨어진 양말 꿰매 달래 신는 남편과 찢어진 신문쪼가리 모았다가 종이그릇 만들어 아이들에게 튀밥 담아 내미시는 시할머니를 궁상이라 여겼던 나는 형편없는 철부지였다는 걸 깨달았다. 그 후부터 지금까지 나도 봉투 한 장 허투루 버리지 않는다.

그래서일까? 손자손녀들에게는 제 어미아비 외에도 든든한 후원자 할아버지가 있는데도 녀석들의 근검절약이 우리 부부를 닮아간다. 그 옛날 나를 철들게 했던 가훈은 이제 물이 스미듯 후대로 이어지는가 싶어 흐뭇하다.

가훈은 내게 시댁과 남편에 대한 불평불만을 잠재우고 순종과 인내를 선물했다. 덤으로는 일가의 화목이 따라왔다.

꽃 같은 사람들

*꽃바구니
"딩동, 딩동."
"이렇게 일찍 누가?"

무거운 몸을 일으켜 현관으로 나가는 내 눈에는 7시 40분을 가리키는 시계바늘이 먼저 보였다. 문 밖에는 뜻 밖에도 화사한 꽃바구니를 든 택배 할아버지가 서 있었다.

할아버지는 불문곡직不問曲直, 내게 꽃바구니를 안긴 후 수취인의 이름을 확인하고는 쏜살같이 돌아갔다. '누구지? 내게 꽃바구니를 보낼 사람이 없는데….' 그래도 평생 처음 받아 보는 커다란 꽃바구니가 놀랍고 기뻐 거실까지의 발걸음이 가볍고 기분도 좋았다. 바구니에 꽂힌 작고 깜찍한 카드에는 중년이 아닌, 아직도 내 '품안의 자식'을 느끼게 하는 아들 딸의 소망이 적혀있다.

> 엄마, 아빠! 결혼 44주년을 두 분이 함께 맞이하신 걸 축하드립니다.
> 오래 오래 건강하셔서 지금처럼 저희들의 버팀목이 되어 주셔요.
> 07년 12월 2일 아침
> 유정. 유현 올림

화려하기 보다는 화사하다는 표현이 맞는 꽃바구니는 진분홍 빛 장미와 연분홍 카네이션, 자잘한 보랏빛 국화로 꾸며져 우리 내외의 마음을 44년 전으로 불러가기에 충분했다. 끝없는 장미 빛 꿈과 하늘의 별이라도 딸 것 같은 자신감과 불가능을 인정하고 싶지 않아 허둥대던 시절….

친정 부모님 앞에서는 늘 현실을 직시하고 어떤 어려움도 둘이 함께 극복할 수 있다고, 큰 소리를 쳤지만 그간의 삶은 너무도 팍팍했고 고달픔의 연속이었다. 더구나 생일이나 무슨 기념일을 챙길 형편은 더더욱 아니었다.

아이들이 커 가면서 종이꽃으로부터 시작해 아담한 꽃바구니를 받는 어버이날을 매년 맞고 있지만 막 신부 화장을 마친 것 같은 이 꽃바구니에는 미치지 못했다. 나는 꽃바구니를 이리 옮기고 저리 돌리며 한참 부산을 떨었다. 그때 남편이 말했다.

"어젯밤, 자기 잠들고 나서 유현(아들)이가 전화했었어. 축하한다며 특별한 계획은 없느냐고 묻던데?"

이래서 자식은 있어야 되는데 두 자녀 두기마저도 꺼리는 현실이 안타깝다. 키우기 어려운 만큼의 즐거움도 있는 것인데….

*사랑의 선물

당당하고 의연했던 장미가 제일 먼저 고개를 숙이기 시작했다. 피다 만 봉우리와 만개 상태를 지난 몇 송이를 뽑아냈다. 그래도 첫날과 별반 다르지 않아 좋았다. 꽃바구니를 들여다 보고 있으니 나도 평생 많은 꽃을 선물로 받고 산 것 같다. 어려서는 오빠와 4살 위인 삼촌이 손만 내밀면 무슨 꽃이던 다발을 만들어 내게 주었고, 초등학교 시절에는 남녀 구별 없이 먼 곳에 사는 친구들이 신기한 꽃들을 등교 길에 꺾어다 주곤 했다.

이 호사는 중학교에 들어가며 끝이 났다. 피난민이란 생소한 이름으로 부산 대티 고개 부근 단간 방에 기거하는 생활은, 호구지책이 우선이었고 내가 학교에 갈 수 있는 것만도 복에 겨운 일이었다. 아버지는 국영기업체에 다니셨지만 어머니도 머리만 있는 싱거미싱으로 삯바느질을 하셔야 했기에 하교 후에는 동생들을 돌보야 했다.

그래도 나는 운이 좋아 수복된 서울로 돌아와 고등학교 졸업식을 맞았다. 어려운 중에도 꽃다발이 운동장을 가득 메웠고 가족들이 찾아와 북새통을 이루었다. 그러나 내게는 찾아와 축하 해 줄 사람이 없었다. 어머니는 병약한데다가 어린 동생들 돌보기도 힘든 형편이었고 아버지는 부산 지사에 근무 중이셨다. 그 때,

"세경아, 여기 봐라." "찰칵."

하는 소리가 났다. 작은 아버지셨다. 작은아버지는 가까이 있던 내 친구들과 몇 컷의 사진을 찍어 주시고는 곧 사라지셨다. 당시 일간지 기자로 봉직하셨던 작은 아버지는 바람이었다. 동에 번쩍 서에 번쩍, 사진 기자 한분과 짝지어 뉴스와 사건을 쫓아 통금도 없는 분이셨다.

나는 친구들과 귀가를 서둘렀다. 그 때 내 앞을 가로막는 곱고 큰 꽃다발이 있었다. 그것은 졸업식을 마치고 쓸쓸히 학교를 떠나는 조카를 위해서 여러 개의 꽃다발을 가진 학생에게 꽃값의 배나 더 주고 마련해 오신 작은아버지의 졸업 선물이었다.

다음이 대학 졸업 때, 부모님과 형제, 친구들 까지 합해, 한 지게는 될 성싶은 여러 개의 꽃다발을 받고 교통도 불편하고 자가용도 없던 시절이라 추위에 떨며 오래 기다려 택시를 탔다. 그래도 행복했다.

그로부터 10년 후 작은 아버지의 딸인 내 사촌이 여고를 졸

업하던 날이다. 작은 아버지는 예쁜 꽃다발을 사들고 딸의 학교에 가 졸업식이 끝나자 딸과 가족을 찾았지만 오리무중이었다. 뒤늦게 딸의 학교가 아닌 내 모교에 오신 것을 깨닫고 딸의 학교로, 달려 가셨지만 모든 상황이 종려 된 뒤였다. 이 일로 작은아버지는 평생 자식들보다 조카들을 먼저 생각하는 아버지로 적지 않은 원망을 감수하며 사셨다.

*행복했던 시절

이제 장미는 다 뽑아내고 수줍게 핀 카네이션도 몇 송이 안 된다. 그러나 연보라 빛과 아이보리 색 국화만은 마지막 봉우리까지 모두 피우고 말겠다는 일념으로 뽑혀 나간 장미와 카네이션의 빈자리를 메우고 있다.

장미는 꽃의 여왕답게 화려하고 곱고 우아하다. 줄기의 가시는 고고한 인품의 여인처럼 다가가기가 조심스럽지만 그 위엄이 부럽기도 하다. 그러나 너무 수명이 짧아 아쉽기 그지없다. 고개 숙일 때 말려 오래 간직하기도 하지만 꽃은 역시 생화라야 꽃답다. 나는 말린 장미보다 홀대받는 들판의 쑥부쟁이 꽃이 더 좋다.

남아 있는 카네이션은 수집은 소녀처럼 다소곳이 피어 국화 사이에서 어여쁜 여인의 고운 스카프처럼 멋진 악세서리 역할을 다 하고 있다. 그 모습에서 자식들의 생계와 교육을 위해 끝까지 희생으로 일관하신 부모님 생각이 났다. 어린 시절 우리 8남매는 부모님의 애물단지기도 했지만 보물이기도 했다.

나는 가끔 동생들과 크로버나 제비꽃으로 반지, 목걸이, 팔지에 화관까지 만들어다 어머니께 걸어드리고 예쁘다며 손뼉을 치곤했다. 그럴 때면 어머니는 환한 미소로 화답하셨고 그 단아한 모습에서 우리형제들은 어머니의 때 묻은 앞치마가 신데레라의 드레스로 보이는 경험도 했다. 한번은 퇴근해 오시던 아버지가

"뒷곁에 가서 늙고 큰 호박 한 덩이 빨리 따와라. 너의 엄마 무도회에 늦겠다."

하셨고 시원시원하고 조금은 느물대던 동생이 재빨리 집 뒤를 돌아 나오며

"늙고 큰 호박 대령이요."

하던 기억이 어제런 듯하다. 부모님은 힘드셨지만 우리 여러 남매에게는 더 없이 행복했던 시절이기도 하다.

•남편의 향기

마지막 남은 카네이션을 뽑아 버리고 국화만의 바구니를 만들었다. 더러 시든 것도 있었지만 새로 손 본 바구니는 여전히 곱다. 그 동안 별로 주목받지 못했던 국화가, 아직도 싱싱한 모습으로 남아 있어 이즈음 내 '개 떡 같은 나날의 불쾌'를 상당량 주려 주고 있다.

나는 지금 3차 항암 치료를 받고 아주 심한 후유증을 앓고

있다. 입안은 땡감을 물고 있는 것 같고 콧속은 너무 건조해 피딱지가 그득하다. 설사에 삭신은 쑤시고, 다행히 약으로 구토는 멈춘 상태나 부종이 심하다. 그 덕에 가쁜 숨을 몰아쉬고 어지럼증으로 일상이 불안하고 불편하다.

오늘 아침 그런 나를 향해 남편은

"왜 이번은 부작용이 더 한 거야? 벌써 두주가 넘었는데…."

라며 볼멘소리를 하고 출근했다. 하지만 나름대로 안타까움의 표현임을 인정하기에 전처럼 그 퉁명스러움이 내 귀에 거슬리지는 않았다.

문득 내 예민한 코에 쑥 냄새가 나, '웬 쑥?' 하고 살펴보니 바로 내가 따고 잘라 낸 국화 꽃 대와 시든 잎에서 나는 것이다.

그 때 문득 쑥 같다 생각했던 남편이 국화 같은 사람이란 생각이 들었다. 남편은 평생 병 주고 약주고, 고집은 불통에다 아내에 대한 배려라곤 전혀 없다는 내 불평을 감수하며 산다. 그런 남자가 매월 6, 7회나 가야되는 병원에 매번 동행을 한다. 이제는 혼자 갈 수 있다 해도 차에서 내리면 묵묵히 0.5m정도 앞서가며 그 간격을 유지하려고 시시로 돌아본다. 그래서 일까? 아니면 같이한 세월 덕일까? 오늘 아침엔 남편의 존재가 은은한 국향菊香으로 다가온다.

보람에 산 나날들

― 응답하라 1960년 ―

 자고 일어나니 세상이 싹 달라졌다. 미명에 군사구테타로 계엄령이 선포되었다며 쉴 새 없이 혁명공약이 방송되고 있었다. 반공을 국시로 국제협약을 지키며 부정부패를 척결하여 정의사회를 구현하고 자유경제 재건으로 민생고를 해결하며, 국방을 공고히 한 후면 참신한 정치인에게 정권을 이양하고 군 본연의 임무로 복귀 한다 는 거였다. 달콤한 공약에 안도하고 평온한 주택가에는 평소와 달라진 것이 없어 안심했다.
 결국 올 것이 왔다는 건가? 전차로 소공동에 있는 잡지사로 출근을 했다. 내가 다니던 잡지사의 직원들은 나와 급사아이만 빼고 모두가 4,50대로 언론계 출신들이었다. 그들은 평소에도 시국에 관한 화제로 열을 올리곤 했다. "엽전들은 아직 민주

주의를 누릴만한 역량이 없다." "누군가 힘 있는 자가 일어나 독재를 해서라도 이 혼돈의 사회를 안정시켜야 한다."등등. 결론은 매번 절대 권력이 나서서 혁명으로라도 한국적 민주주의를 정착시켜야 된다는 쪽이었다. 그 동안 이승만 장기 집권과 독재 타도에 열광한 어른들인데도 말이다. 그래서였을까? 사무실 분위기는 4.19는 20대가 5.16은 30대가 이룬 혁명이라며 환영 일색이었다.

 군사혁명위원회는 당일(1961.5.16)부터 발 빠르게 공약을 실천해 나갔다. 부정부패척결(5.25), 농어촌 고리채정리(6.10), 공공부문 임용은 국가고사로 등등. 그 덕택에 나는 교사임용고시를 통해 원하던 농촌에 있는 초등학교로 발령이 났다. 연줄이나 돈 없이 자기가 원하던 곳에 취업이 된 것이다. 부모님은 과년한 처녀가 객지생활이라니 하며 반대하셨지만 나는 흡족했다.

 12학급인 학교는 가족적 분위기에 뒤편에 사택까지 있어 출퇴근의 부담도 없었다. 낮에는 아이들과 지내고 저녁이면 주 1-2회 문맹퇴치, 산아제한 등, 공문에 하달된 대로 농민들을 계몽하러 나갔다.

 공공기관에서는 일출과 일몰에 맞춰 태극기를 올리고 내리면서 애국가를 틀어 모든 국민이 국기에 대한 경례를 하게 했다. 소나기라도 내리면 내렸다 올리는데 하루에도 이 짓을 몇 번씩 해야 되느냐고 불평도 했다. 그러나 여고시절 휴전반대, 북진통일을 외치며 월미도 미군부대 앞까지 달려갔던 기억이 새로워져 무뎌지던 애국심이 한껏 고취되기도 했다.

 아카시아 꽃잎이 눈처럼 쏟아져 내리던 어느 토요일 오후, 서울 버스터미널에서 동생이 기다리고 있다가 여고시절부터 절친했던 친구의 부음을 전했다. 지난 밤 연탄가스에 중독 돼 오늘 새벽에 먼 길 떠났다고. 모 여대 응용미술과를 나와 이제 막 생활미술가의 꿈을 펼치려던 재원이었다. 여고시절, 틈만 나면 관훈동 그녀 집에 모여 놀던 친구들이 한 명도 문상을 오지 않았다. 처녀의 죽음을 터부시하는 야박한 인심에 실망해 나는 한 동안 친구들과의 교류를 끊었고 화해까지는 30여년이 걸렸다.
 상실의 상처는 컸지만 아이들과 지내는 생활은 큰 위로가 되었다. 교과 외에도 텃밭 가꾸기, 봄가을 소풍, 운동회 등등은 새롭게 자신의 재능을 발견하게 했고 선후배 동료교사들과의 생활도 푸근해 치유에 도움이 되었다.

 예나 이제나 청춘은 아름답다. 연애가 그리 자유롭지도 자랑도 아니던 시절이었지만 남녀 간의 만남은 수시로 이루어졌고 선택은 각자의 몫이었다. 그 과정에서 나는 "네가 좋다." "너를 호강시켜주겠다."는 멋지고 배경 좋은 도시 청년들을 마다하고 "나와 함께 고난을 견뎌주겠느냐."는 말을 어렵사리 꺼낸 순박한 농촌 출신 청년과 결혼을 했다.

호사다마라던가? 결혼을 하고 보니 농어민을 위한 고리채 정리가 우리 시댁에는 치명타를 입혔다. 집에서 멀리 있는 논을 팔고 가까이 있는 논을 사려던 것이 실기했다. 논 판 돈을 그대로 둘 수 없어 장리를 준 것이 고리채 정리로 1년 거치 4년 분할상환으로 논이 날아가 버린 것이다.

우리 부부는 부모님의 고통을 조금이라도 덜자며 허리띠를 졸라맸다. 도시락을 싸들고 출근하고 아이들 분유 값을 아끼려고 미숫가루 양을 늘렸다. 다행히 맏딸은 재산밑천이란 옛 말대로 무탈하게 자라 주었고, 두 살 터울로 아들도 태어나 둘만 낳아 잘 기르자는 국가시책에 부응했다. .

그래도 육아의 부담은 서울에서 지방으로의 출퇴근을 더욱 어렵게 했다. 때 마침 서울에서 교사임용고시가 있어 현직임을 숨기고 시험을 치렀다. 합격의 기쁨도 잠시, 경기도에서는 사표수리 대신 응시자 전원 색출 후 징계라는 처방이 내려졌다. 우여곡절 끝에 양주군에서 2년을 더 근무하고 시도 간 전출입이 허용되어 서울로 진입했다.

우리는 이렇게 고비마다 닥치는 문제들을 풀어가며 부모님께는 효도, 자식들에게는 가난을 대 물림하지 말자는 열망으로 일가의 기반을 다져나갔다. 불하 안 된 땅에 지은 작은 집이지만 전세방에서 내 집 장만의 꿈을 이룬 것도 그즈음이다.

4·19혁명으로 시작 된 1960년, 그 이듬해는 5·16 혁명으로 더욱 탄력을 받아 사회 전반에 걸쳐 급격한 변화의 소용돌이를 가져왔다. 그에 발 맞춰 나의 스무살(20대)은 열정을 바쳐 일하는 보람찬 나날들로 빠르게 지나갔다.

그때를 생각하면 파독(63년)광부와 간호사, 월남 파병(64년)도 잊을 수 없다. 영화 '국제시장'에서 본 파독 광부와 간호사들의 인내와 헌신, 그리고 그들을 찾은 대통령과의 일화가 새삼 가슴에 서늘함으로 다가온다. 독일에서도 월남에서도 많은 사람들이 소기의 목적을 달성하고 귀국했지만 한 줌 재로 돌아온 사람들도 적지 않다. 내 친정 동생 중에도 셋째가 상사 주재원, 다섯째가 군인으로 월남에가 있어 귀국할 때까지 가족들은 노심초사 했다.

그 중 군인이었던 동생의 이야기다. 영어를 좀 할 줄 아는 터라 수송부대원으로 차출되어 미군들과 쌍발 헬기로 쉴 새 없이 군수품을 날라야 되는 상황. 어느 날 석양 무렵, 한 곳을 더 다녀와야 되는데 너무 피곤해 짐을 실은 후, 10분만 쉬었다 가자고 했단다. 하지만 동료들은 다녀와서 아주 쉬는 게 좋겠다며 동생을 두고 날아올랐다. 잠시 후, "따르륵, 따따따." "펑." 하는 소리와 함께 바로 그 헬기가 부대 앞에서 폭발해 불덩이가 되어 떨어졌다. 순식간에 6명의 동료가 산화해 버린 것이다. 잊고 싶었기에 오래 입 다물고 있다가 털어 놓았다.

이제 나는 연금 받아 안정되고 편안한 노후를 보낸다. 생활은 더 없이 편리하고 모두가 잘 사는 나라, 참 감사하다. 당시의 대통령을 클릭했다. 공적에 이어 역대 대통령 중 월남전 외에도 가장 사람을 많이 죽인 대통령이란다. 하면 된다는 의지로 국민들의 의식주는 해결 해 주었지만 '3000만을 위한 100만의 희생은 불가피 했었나' 라는 물음이 달려 나왔다. 안타깝다. 1960년 후반에 3선 대통령으로 권좌에서 내려왔더라면 우리도 국부로 추앙받는 대통령 한 분 모실 수 있었을 텐데.

오색 털 바지

우리엄마 속바지 오색 털 바지
내 것보다 두께도 무게도 모두가 갑절
엄마는 나보다 따습겠네 춥지 않겠네.

빨랫줄에 혼자 남은 오색 털 바지
오늘은 내가 먼저 걷어다 입어 봐야지
겉은 매끈 속은 오글보글 양털 닮았네

콧날은 시큰 가슴은 울컥한다. 늘 엄마 속바지가 내 것보다 더 따뜻한 줄 알던 때 쓴 시 같다. 내 기억에는 없는 데 어떻게 몇 십 년을 거슬러 내게로 왔을까?

엄마의 속바지 오색 털 바지는 잊을 수 없는 아픔으로 내

가슴 깊은 곳에 아직도 자리하고 있다. 내가 고등학교에 다닐 때다. 어느 추운 날 엄마의 속바지가 뒤집힌 채 아랫목에 널려 있었다. 무심히 밀어 놓고 앉으려던 순간 엄마의 속바지가 왜 그렇게 무겁고 두꺼웠던가를 알았다. 오글보글 양털 같은 모양은 모두가 매듭이었다. 우리들 8남매에게는 낡기가 무섭게 풀어 다시 짜주는 엄마가 낡은 실 한 오라기도 버리지 않고 모았다가 엄마 속바지로 탄생시킨 것이었다. 울컥 눈물이나 내방으로 와 한참을 울었다.

할머니는 가끔 엄마에게 "우리 큰 며느리, 오지랖도 넓지." 혹은 "손도 크지." 라고 하셨는데 칭찬인지 흉인지 헷갈렸다. 꽤 커서야 6남매 맏며느리, 8남매 엄마, 번족한 일가친척들의 대소사에 이웃의 어려움까지 챙기느라 자신은 늘 빈손인 며느리가 딱해서 한 말씀이라는 것을 알았다. 그래서였을 것이다. 우리 집은 객식구가 없는 날이 없었다. 무작정 상경한 친인척, 수험생, 가정불화로 가출한 집안 새댁 등등. 우리식구 외에도 그들의 문제까지 풀어가는 엄마를 보면서 아들들은 "울엄마 마음은 오대양, 기상은 남산위에 저 소나무." 라 했는데 결코 허언이 아니었다.

내가 첫 월급을 탔을 때, 내복대신 털실로 속바지와 속치마를 맞춰 드렸다. 어머니는 새 실로 짠 옷들은 참 가볍고 따뜻하다 면서도 낡은 바지를 버리지 않으셨다. 나도 차마 버리지 못하고 시집을 왔다. 실제론 백가지색이었을 수도 있는 엄마의 털 바지는 울엄마의 근검절약 희생 인내 창의 외에도 모든 염원까지를 아울러 섞어 짠 인생 전부였다. 그래서 버릴 수도 잊을 수도 없는 귀중한 내 안의 보석이다.

2부

꼬맹이의 불효
낮은 곳에 눈맞추고
철들고 싶지 않아
웬 극기 훈련
잃어버린 고향
꼴머슴 장손이
어떤 무관심
달아달아 밝은 달아
하늘색 찾기
재건 데이트

꼬맹이의 불효不孝

 며칠째 곡기를 끊은 어머니는 대소변을 가리지 못하고 자리보존한 지 5년이다. 새삼 병원에 가 입원을 해 봐야 검사받느라 고생만 더할 뿐 무슨 수가 있을 것인가? 꼬맹이는 마음을 모질게 먹고 수시로 음료수나 야구르트 같은 것으로 목만 추겨드리며 어머니의 동태를 살폈다.

 그런데 오늘은 새벽부터 무언지 모르게 불안하고 초조해 막내오빠에게 전화를 했다. 큰오빠와 작은오빠한테도 일단 연락을 하라는데 모두 부재중이다. 어머니는 얼굴이 벌개가지고 헛손질만 해댄다. 꼬맹이는 어머니의 두 손을 잡고 "왜? 왜?"하고 외쳐 보지만 어머니는 감기는 눈을 조금 뜨고 웅얼거릴 뿐 말이 되지 않는다. 때때로 숨을 몰아쉬기도 하고 눈을 휘번덕이며 무엇을 찾는 것도 같고 쫓기는 것도 같았다. 점차 꼬맹이의 가슴은 두방망이질 치고 다리도 후들거렸다. 심상치 않다. 다급한 마음에 다시 큰오빠, 작은오빠, 올케들에게 전화를 걸어보지만 불통이다.

꼬맹이 혼자 어찌 할 바를 몰라 쩔쩔매는데 막내오빠 내외가 들이닥쳤다.

개척교회 목사인 막내 오빠 내외는 침착하게 양편에 앉아 어머니 손을 잡고 꼬맹이에게는 두발을 잡게 하고 기도를 드렸다. 어머니는 차츰 숨소리가 작아지면서 혼곤히 잠이 들었다. 꼬맹이는 하나님이 막내오빠의 기도를 잘 들어주셔서라고 생각하며 안심했다.

큰오빠는 큰올케를 대신해 처가에서 물려받은 회사 일이 워낙 바쁘고, 올케는 내조 하느라 오빠보다 더 바쁜 사람이다. 그러니 작은오빠가 신경을 좀 쓰면 좋으련만…. 4남매 중 유일하게 큰 오빠네 덕을 보지 않고 행정고시에 패스해 독립을 한 작은오빠는, 지금은 모 부처의 국장이란 직함을 갖고 있지만 완전히 남남 같다. 잘 사는 것도 좋지만 해도 너무한다 싶을 만큼 자기와 처자식만 안다.

막내오빠 내외는 착하지만 너무 가난해 어머니를 경제적으로 돕지는 못한다. 그래도 매주 월요일이면 찾아와 어머니 손잡고 기도도 하고 이야기도 나누고 손톱이나 발톱을 깎아 드리니까 어머니는 월요일만 기다린다.

꼬맹이는 가끔 막내오빠도 목사님 하지 말고 다른 오빠들처럼 좋은 직장 가졌으면 얼마나 좋았을까 생각을 한다. 막내오빠가 다른 오빠들 형편 같았으면 어머니 한분 호강시키는 것은 어렵지 않았을 것이다.

그래도 역시 맏이는 맏이다. 아버지 돌아가시고 큰 올케가 시골 살림을 정리하게 한 후 어머니와 꼬맹이의 거처를 자기 집에 마련해 주었다. 막내오빠는 군에 다녀와 아르바이트로 학비는 벌었지만 숙식은 큰오빠네서 해결할 때가 많았다. 당시 꼬맹이는 어머니와 자신이 올케네 가사家事와 조카들을 돌보는 일이 식모살이 같아 가끔 화도 났지만, 거기서 올케네 친정 기사와 눈이 맞아 결혼도 했다.

착하고 부지런하고 별 욕심 없이 자기 일과 가정에 지성이던 사람이었다. 그러나 50도 못돼 정차 중에 무면허 운전자의 차에 받혀 세상 떠나 간 남편, 꼬맹이는 남편 생각이 날 때면 지지리 복도 없는 사람이라는 생각에 늘 마음이 아프다. 당시 고등학생이던 딸 둘은 초등학교 교사가 되었고 중학생이던 아들은 대학생이 되었다. 그 아이들을 보고 있으면 이제 남부러울 것도 없다.

방안 가득 역한 냄새가 났다. 기저귀를 갈려고 이불을 들추는 서슬에 어머니가 눈을 뜨더니 막내오빠 내외에게 아는 체를 했다. 꼬맹이와 올케는 이참에 어머니의 배설물을 대충 닦아내고 목욕을 시켰다. 목욕을 하고 새 옷을 입은 어머니는 기분이 좋은지 야구르트도 조금 받아 넘겼다.

그때 막내오빠가 어머니를 모시고 예배를 드리자고 했다. 예배 중에는 정신이 든 것 같이 눈이 초롱초롱하던 어머니가 예배를 마치자 기다렸다는 듯이 아들과 며느리, 딸과 차례로 눈을 맞춘 후 큰 숨을 한번 크게 쉬고는 조용해졌다. 막내올케가

"어머니는 이제 천국에서 깨어나시겠지요? 그렇죠?"

하고 오빠에게 말했다.

천국이라니? 깜짝 놀란 꼬맹이는 어이가 없었다. 똥 싸 뭉갠다고 악쓰고, 냄새난다고 욕실로 끌고 들어가 샤워기로 물 뿌리며 마구 비누질 해대고, 음식 타박한다고 "그럼 굶길끼여." 하고 윽박지르고 때로는 더 살아 뭐하나 생각도 했던 어머니다. 그러나 이렇게 죽음이 가까이 있으리라고는 미처 생각지 못했다. 그런데 이게 끝이라니? 꼬맹이는 그게 걸려

"나는 사람도 아녀. 사람도 아녀."

중얼댈 뿐 눈물도 나오지 않았다.

약과 생활비 가져다주느라 다달이 들려도 늘 성에 안차 몽매에도 그리던 큰아들, 완벽해서 어렵기만 했던 작은아들, 지난 며칠을 행여나 하고 기다리다 끝내 두 아들 못보고 간 우리 어머니. 꼬맹이는 이것저것 걸리는 게 많아 정신이 아득했다.

그래도 큰아들 큰며느리다. 어찌어찌 연락이 되어 들이닥친 큰아들 내외는 불문곡직 구급차로 한국 제일이라는 병원 영안실로 모시고 가, 모두 최고로만 주문을 하기 시작했다. 자기들

이 다니는 유명한 절의 스님들도 모셔다가 쉬지 않고 왕생극락을 빌었다.

"비나이다. 비나이다. 왕생극락往生極樂 비나이다. (중략) 영가靈駕는 영가는 큰아들의 큰 덕과 효성으로 이승에서 쌓은 업을 말끔히 씻으시고 극락왕생極樂往生 하십시오."

밤이 되어서야 병원 영안실에 나타난 작은오빠네는 역시 깔끔하고 우아하고 예절바르게 처신을 했다. 작은 올케가 다니는 성당에서는 다음 날 아침부터 시간시간 레지오 단원들이라는 사람들이 십여 명씩 무리지어와 연도를 했다. 지옥 연옥 헤매지 말고 곧장 천국으로 드시라는 내용이다.

막내오빠네 교회 사람들도 와 임종예배와 입관예배를 드린 후 고인은 이미 천국에 드셨다고 했다.

'우리 엄마는 죽어서 호강하네. 스님, 신부님, 목사님들이 축원하고 모두 천당 가셨다고들 하니까. 그렇지만 나는 죽으면 지옥 가겠지?' 꼬맹이는 큰올케한테 생활비 받고 어머니 모시면서 못되게 군 자신은, 하나님 부처님은 고사하고 어머니한테도 용서받지 못할 것 같아 후회와 두려움으로 제 정신이 아니었다.

꼬맹이는 3남1녀의 막내다. 그 덕에 아기 때부터 '꼬맹이'로 불리며 부모님이나 오빠들의 사랑을 듬뿍 받고 자랐다. 그러나 늘 오빠들과는 달리 초등학교 출신으로 같은 반열에 서지 못하는 한이 컸고 그래서 때때로 어머니를 향해 포달을 부리곤 했다.

'내가 왜 그랬던가?' 꼬맹이는 후회가 많아 염불, 연도, 기도에 모두 빠지지 않고 한 구석에 앉아 어머니 영정을 향해 빌고 또 빌었다.

"엄마, 잘못했어. 내가 잘못했어. 용서해 줘."

낮은 곳에 눈맞추고

 오늘 새벽 3시에 오빠가 죽었단다. 폐렴으로 십 여일 전에 입원을 했었다는 데 내게는 아무도 연락할 생각조차 하지 않았던 모양이다. 순간 여女동기는 나 하나뿐인데 라는 생각에 울컥 화가 치밀었지만 남 탓할 처지가 못 된다. 그가 50 후반에 목회의 길마저 접을 즈음

> 풍파에 놀란 사공 배를 팔아 말을 사니
> 구절양장에 물도곤 어려왜라
> 이후란 배도 물도 말고 밭 갈기만 하리라.

 란 시조를 읊으면서 "이 사람은 밭이라도 갈겠다했는데, 나같이 무능한 사람은 어찌 살아야 되지?" 하던 말이 떠올라 가

숨이 메어왔다.

그에게 나는 무엇이었나? 누이동생, 오누이, 남매지간, 모두 천만의 말씀이다. 그런 아름다운 말로 표현할 자격이 없는, 남만도 못한 매몰찬 애물단지가 바로 나였다. 우리 여러 남매는 어린 시절 콩 한쪽도 나눈다는 부모님 가르침대로 살았고 이웃들도 본이 된다며 칭찬을 아끼지 않았다.

그러나 나는 "내 인생은 왜 이렇게 뒤죽박죽일까? 나도 나지만 처자식이 너무 불쌍해." 라며 그가 극심한 자괴감 속에서 의기소침한 모습을 보였을 때, '내 코가 석 자. 출가외인.' 을 내세워 모르는 체 외면했다. 아니 '차라리 올케를 소개하지나 말 걸….' 하는 후회와 함께 만나는 것 마저 슬슬 피했다는 게 맞다. 결혼 후 나는 늘 층층시하, 8남매 맏며느리에 내 아이들 건사와 직장일이 우선이라 생각했었으니까.

그래도 그게 미안해 가끔 동생들을 만나면 "지금 너희들이 있는 것은 큰형 덕인 걸 잊지 마라. 피난시절 중학생이었던 오빠가 다 돌아가시게 된 어머니를 눈 덮인 산과 들을 훑어, 좋다는 약초는 모두 구해다가 살려냈기에 오늘의 너희가 있는 거야." 라는 말로 자신의 할 일까지 떠맡기지 않았던가.

그가 갑자甲子 생이니 향년 78세, 이 세상에 머문 시간은 길다면 길고 짧다면 짧다. 몸은 체중미달로 논산 훈련소에서 몇 차례 귀가 조치 된 후, 병역이 면제될 정도로 약했고, 마음마저 소심했다. 그렇지만 7남1녀의 맏아들로서의 책임감은 남달랐고 다정다감했다.

그의 꿈은 정의로운 판검사여서 중고등 학생시절부터 야무지게 자신을 단련했고 동생들에게는 착실한 가정교사에 기숙사 사감 같은 존재였다. 대가족 속에서 미처 부모님의 손길이 미치지 못하는 동생들 곁에는 늘 그가 있었다. 특히 두 살 아래인 내 여고시절, 먼 학교로의 새벽 등교와 일몰후의 하교 길에는 버스를 태워주고 내리면 맞아주는 든든한 경호원이었다.

그는 대학 졸업을 전후해 사법고시에 몇 번을 도전했지만 낙방 했다. 그렇다고 계속 고시에 매달릴 형편도 아니었다. 그래서 "꿩꿩 꿩서방 어찌어찌 사나? 아들 낳고 딸 낳고 그럭저럭 살지." 라는 옛 속어가 진리 같다며 방향을 돌려 회사원이 되었다.

그 후, 내 소개로 마땅한 규수와 결혼하여 딸 둘을 두고 평범한 월급쟁이로 안정을 찾는 듯했다. 그러나 끝내 치열한 경쟁 사회에서 배겨내지 못하고 소화불량으로 시작해 신경쇠약으로 휴직, 복직 후, 다시 퇴직, 결국 실업자가 되고 말았다.

그러나 독실한 기독교 신자였던 어머니는, 그가 기독교에 입문하고 신학대학을 나와 목사 안수를 받기까지, 끈질긴 권유와 기도로 믿음의 길라잡이가 되어 주었다. 그즈음 그는 하나님 나라를 이 땅에서도 이룰 수 있을 것이라는 새로운 꿈을 가지고 교회개척에 투신했다.

강남의 소형 아파트 단지에서 어머니와 형제들이 똘똘 뭉쳐 작은 교회를 천천히 키워 나갔다. 청년시절부터 논어에 심취했던 그는, 기독교 비판을 위해 읽었던 성경을 긍정적 시각에서 새롭게 읽고 설교에 임했기에 꽤나 설득력이 있었다. 뒤늦게 아들도 하나 두었다.

그러나 각양각색의 사람들이 모이는 교회라는 곳에는 언제나 크고 작은 일들이 생겨 힘들게 했다. 그런 와중에 세 든 교회 건물이 빚에 넘어가 10여년 넘게 공들인 교회가 무너지고 그의 건강도 치명타를 입게 되었다.

그래도 어머니는 "너는 기도할 수 있잖니? 네 기도는 하나님이 꼭 들어주실 거다." 라는 말로 용기를 갖게 했고, 아버지는 지차들에 비해 늘 기대에 못 미치는 장남에게 화가나, 수시로 흘겨보며 끌끌 혀를 차셨다. 그로부터 그와 가족들은 힘들게 살아야 했고, 동생들은 나름대로 힘 써 도왔지만 나는 여력이 없다는 구실로 모르는 체 살았다.

영안실을 찾은 나는 그의 편안해 보이는 영정 앞에서 올케 손을 잡고
"나 때문에 언니와 아이들 고생시켜 미안해요."
라고 말했고 올케는
"그런 말 말아요. 나는 오빠를 만나 하나님을 알았고, 그 덕에 남을 사랑할 수 있는 사람이 되었어요. 초년에는 철없어

잘 몰랐지만 말년에는 정말로 행복했어요."

했다. 이어서 곁에 있던 두 딸과 아들이 차례로 말했다.

"아빠는 병약했지만, 늘 남을 먼저 생각하셨고 어린 우리들 의견까지도 존중해 주셨어요."

"저희들은 아빠 덕에 할머니 할아버지, 삼촌들, 모두가 한 가족이라 생각하며 자랐고, 결혼해 사는 지금도 변함이 없어요."

"저도 어머니보다 아버지의 사랑을 더 많이 받는 걸 친구들이 얼마나 부러워했는데요."

오히려 내가 할 말이 없어 입을 다물었다.

오후에 그가 말년에 다니던 큰 교회에서 목사님과 장로님들을 비롯해 많은 교우들이 와 예배를 드렸다. 예배 후, 그들은 자기들의 구접스런 하소연을 다 들어 주던 분이었다며 아쉬움을 토로했다. 언제 어디서든지 자기를 낮추고 "내가 해 줄 수 있는 건, 이것 뿐예요." 라며 손잡아 주던 그의 기도에 오히려 큰 위로와 감동을 받았단다.

약하고 가진 것이라곤 아무것도 없던 그, 내가 할 수 있는 것은 기도뿐이라던 그, 그의 가슴 속에는 퍼낼수록 새롭게 고이는 샘물 하나를 갖고 있었나 보다. 되돌아보니 그는 고난의 삶 속에서도 부모님이 편찮으시면 제일 먼저 뛰어가 간병하고, 아버지의 간단없는 타박에도 순종으로 일관한 아들이었고, 크든 작든 어려움을 당하는 동생들이 있으면 달려가 손잡아 주던 만형이었다. 십 수 명의 조카들도 필요에 따라 격려하고 기도해 준 큰아버지요, 외숙이었다.

그는 환경을 탓하거나 거스르지 않았으며 마음에 들지 않는다고 내치지도 않았다. 그저 물처럼 모두를 품어 안고 낮은 곳으로 낮은 곳으로 흘러 이제 하나님의 나라에 든 것이다. 비록 이 세상에서는 작은 사람으로 움츠리고 살았지만, 그는 스스로 지향했던 이상과 정의의 길에서 범사에 감사하며 낮은 곳에 눈 맞추고 산 승자勝者였다. (2013.03.30. 졸)

철들고 싶지 않아

 며칠 전, 우리 교실에서 친구 한 명이 소위 논다는 다른 반 친구 네 명에게 맞아 코뼈가 상하는 일이 벌어졌다. 그때 나는 우리 반 29명이 동시에 달려들면 두들겨 패지 않아도 이번 기회에 녀석들의 버릇을 고쳐줄 수도 있겠다는 생각을 했다. 그래서 두 주먹을 불끈 쥐고 주위를 둘러보았다. 헌데 이럴 수가, 일부는 관전자 나머지는 모두 방관자일 뿐이었다.

 우리는 고3이고 곧 성년이 되는데 이렇게 비겁할 수가 있는가? 잠시 혼란에 빠져 갈등했다. 그러나 나 혼자서는 중과부적, 후환도 두려웠다. 애먼 주먹만 쥐었다 폈다 하다가 똑같은 구경꾼으로 주저앉고 말았다. 참담했다. 잠깐 동안의 일이지만 급우들은 교무실로 달려가 선생님들께 이르는 것이 고작이었다.

다음 날, 맞은 아이는 "녀석들에게 손해배상을 톡톡히 받아낼 거야." 했고 다른 아이들은 "녀석이 외국에서 전학을 와 현실을 잘 모르는데다가 눈치 없이 까불다가 벌어진 일이야." 했다. 듣고 보니 그럴 듯했다. 그러나 다른 반 아이들이 우리 반에 쳐들어와 넷이서 하나를 마구 때리는데도 보고만 있었다는 것은 참으로 비겁한 행동이었다. 스스로 용서가 되지 않았다.

광주에서 중학생 때까지의 내 별명은 독불장군, 작은 고추, 장돌(掌石:팔매질에 알맞게 손 안에 드는 돌)까지 여러 가지였다. 불의다 생각하면 우선 달려들고 보는 성질 때문에 붙여진 것들이다. 그래도 내 딴에는 그게 의협심이고 참 용기며 의당 그래야 된다고 생각했다.

그런데 중3 초에 서울로 전학을 와 보니 전혀 아니었다. 반 아이들이 광주 친구들보다 양순하고 단정하고 선생님이나 부모님 말씀 잘 듣고 본 받을 만도 했지만, 대부분이 엄마의 리모컨(휴대폰)으로 조정당하는 마마보이였다. 그에 비하면 유독 나만 이리저리 튀는 것 같아 학교에서나 집에서나 조금씩 눈치를 보기 시작했다. 게다가 할머니 할아버지 슬하에서 살아보니 내 멋대로의 생활습관은 어미아비가 버릇없이 키웠다는 말씀대로여서 부모님께 누가 되기도 했다. 그래서 자의반 타의반 인내심을 기르는 중이었으나 어디로 튈지는 나도 모르는 형편 이었다 그런데 이번 일로 그 성질이 불의한 폭력 앞에

맥없이 무릎을 꿇은 꼴이 된 것이다. 못내 씁쓸했다.

 나중에 이일을 안 엄마와 할머니는 내게 참기를 잘 했다고 했다. 용기가 없었던 나를 인내할 줄 아는 아이라 추켜올리며 철이 드나보다고 했다. 철이 든다는 것, 어른이 된다는 것이 나의 안전을 위해 비겁해지는 것이라면 나는 결코 철들고 싶지 않다.

웬 극기 훈련

"지금 우리가 극기 훈련해요?"

뒤 따라 온 마누라 목소리가 새파랗다. 언제부턴가 문득문득 마누라 목소리에 날이 선다는 느낌이 들었지만 뭔가 짜증나는 일이 있나보다 했을 뿐 무심했다. 그런데 가끔은 도가 지나치다.

바로 오늘 같은 날이다. 내가 좀 거북한 곳에 염증이 생겨 병원엘 가야한다. 며칠 전 계단에서 넘어진 마누라가 아직도 절뚝거리는 다리로 같이 갈수 있을지가 문제였는데, 얼음찜질에 민간요법을 총동원한 덕에 갈만하단다. 혼자 가기가 영 싫던 나는 그저 고마울 따름이다.

기분 좋게 집을 나서자 습관대로 버스정류장 쪽으로 방향을 잡았다. 그런데 느닷없이 극기 훈련이라니?

"나는 택시로 갈 테니 당신은 버스로 와요."

어리둥절할 새도 없이 절뚝이며 큰 길로 내빼는 마누라의 뒤를 따르려니 가장의 체면이 말이 아니다. 순간 그쪽은 택시 잡기가 어렵다는 말을 하려다 만다. 오래 기다려 보면 '버스로 갈 걸' 후회 하게 될 거라는 용심이 동해서다.

그런데 이게 웬 일일까? 금세 빈 택시가 와 서고 마누라는 추호의 망설임도 없이 냉큼 올라타니 그에 질세라 나도 허겁지겁 올라탈 밖에. 차안은 시원했고 길은 막힘이 없어 꽤 먼 길을 단숨에 달려 목적한 종합병원 현관에 내려 준다.

의사는 내 환부를 보고 많이 아팠을 텐데 이토록 참았느냐며 은근히 무식한 늙은이 취급이다.

"이 양반은 참는 게 미덕인 줄만 알았지 병을 키운다는 건 몰라요."

마누라까지 거들고 나선다. 지난주부터 마누라가 자가 치료의 문제점을 누누이 설명했지만 무시한 죄로, 나는 톡톡히 망신을 낭하고 의사는 3일후에 다시 보자는 말로 진료를 끝낸다.

돌아오는 길은 병원 셔틀 버스를 이용한다. 마누라가 이때다 싶었는지 그간의 불만을 속사포처럼 쏟아 낸다. 문제는 내 근검절약이 도를 넘고 늙은 처지에 처자식까지 닦달하니 이제 제발 그만 좀 하란다.

오늘같이 폭염주의보가 발령된 날에 성치 못한 영감 마누라가 땡볕에 버스 타고, 한참을 걸어서 병원에 와야 되느냐고 한다. 할 말은 없다.

　마누라 항암 치료 받을 때도 버스로 데리고 다니고, 부부간에 외출을 하면 지하철만 태우려하고, 자가용은 전시용이냐고 들이 댄다. 낡은 옷, 신발, 양말 한 짝도 꿰매 쓰라며 버리지 못하게 하고, 복사된 고서화나 사다 거는 것도 못마땅하단다. 무정하고 인색한데다가 싸구려 취향이라니, 그리 보면 내 잘못이 아주 크다.

　이런 낭패가 없다. 가장 가깝다 내 마음을 십이분 알아줄 게다 믿었던 마누라인데…. 마누라는 수술 후 누울 자리만 찾았다. 의사는 치료 못잖게 운동도 중요하다 하고. 어떻게 하든지 운동을 시키려고 머리 썼다. 더 늙어서 좀 더 윤택하게 살자며 마누라에게도 더 아끼라 더 아끼라 종용도 했다. 고가의 진품 구입은 내 분수에 넘치고 복사본으로 나마 명화 감상하며 내 나름의 기분 전환이나 여유를 갖고도 싶었다.

　그 결과 치고는 참으로 억울하고 섭섭하다. 그래도 궁색한 변명은 내 취향이 아니니 그냥 넘어가자. 어찌 대붕大鵬의 큰 뜻을 연작燕雀이 알랴. 옛 어느 선비의 마음이 절실하게 전해진다.

　셔틀 버스에서 내린 나는 사무실로, 마누라는 집으로 헤어지는데
　"나는 불확실한 나중보다 지금이 더 중요해요. 알았죠?"
라고 못을 박는다. 지하철을 타려고 계단을 내려오는데 지금

이 더 중하다, 극기 훈련 할 나이냐고 대들던 마누라 말이 가슴에 와 닿는다. 나중을 위해 오늘을 기꺼이 희생한 그간의 삶에 회의가 인다. 나이를 잊고 자식들에게 짐이 되지 않으려 지금까지 일하고 있는 것도 부질없다는 생각이 스쳐간다.

　나도 이제는 조금씩 달라져야 할까보다. 날 세우는 마누라의 말투를 고쳐주기 위해서라도 말이다. 그러나 앞으로도 나는 극기 훈련을 끝내지는 못하리라. 어찌되었건 오늘 택시를 타고 내가 요금을 낸 건 참 잘한 일이다.

잃어버린 고향
-행정중심복합도시 확정 발표 후-

* **벌초**

추석 전 주일임에도 고속도로는 소통이 원활하여 예정 시각보다 일찍 고향에 도착했다. 동네 어구로부터 각양각색의 승용차와 승합차가 줄 지어 서 있는 모습을 보니 이번 벌초에는 많은 자손들이 참석할 모양이다.

남편은 결혼 후 처음, 다른 볼 일로 벌초에 빠지게 되었을 때

"금년이 마지막이 될지도 모르는데…, 자기 혼자서 만이라도 꼭 참석 하도록 해 봐."

라는 말로 그 아쉬운 심사를 나타냈는데 다행스러웠다. 그러나 공교롭게도 아들까지 해외 출장으로 불참하고 보니 많은 어른들 틈에서 나는 조금은 주눅이 들것만 같다.

약속 시간이 가까워지자 여섯 명의 시동생들은 물론, 사촌들까지 장성한 자녀들과 속속 도착을 했다. 그 중에는 15,6년이 넘도록 연락조차 없었던 대종손(우리와는 십 촌간) 4형제분까지 80 노구를 이끌고 오셔서 모두를 놀라게 했다.

당숙 댁에서 잠시 떡과 음료수로 요기들을 하고 난 후, 남자들은 몇몇씩 짝을 지어 앞산과 뒷산으로 연장을 메고 풀을 깎으러 가고, 물림 상에서는 여자들의 수다가 시작 되었다.

"금년에는 용케도 대종손 댁까지 연락이 됐나 보네요."

내 물음에 당숙모님의 대답이 곱지 않다.

"언제는 연락이 안됐나? 조상 덕도 동기간 정도 다 싫으니 연락도 하지 말라면서 그 쪽에서 딱 끊으니까 그렇게 됐지."

그 말을 시숙 벌 되는 분이 받았다.

"뭐니 뭐니 해도 돈이 최고여. 년 말께부터 토지 보상을 한다니께, 어느 구석에 쳐 박혀 있었는지 얼굴도 잘 모르겠는 인간들이 몇 대손 누구누구하며 꾸역꾸역 잘도 모여 드는구먼. 우리 집만이 아녀. 이 집 저 집 할거 없이 금년 추석에는 생면 하겠다는 자손들이 많아 조상님들두 어리둥절하실 껴."

그간 사초, 벌초 이장移葬에 석물까지 모두를 주관, 관리 하느라 힘들어 하던 어른인데 평소의 그 어른답지가 않다. 그러나 충분히 공감이 갔다. 해마다 늘다시피 하는 산소들을 자손들이 모여 직접 돌보기 시작한지도 20여년, 거의가 객지에 살면서 선산 관리하기란 생각처럼 쉽지가 않았다. 나는 애써 올

해가 마지막이 될지도 모르겠다던 남편의 말을 생각하며 오늘 행사가 우애의 장이 되기를 기원했다.

• 보상

동서 항렬들과 어울려 아버님 산소에 가 성묘하고 시동생이 심어 한창 때인 밤나무 밑으로 몰려갔다. 금년은 절기가 일러 아직 알밤을 줍기는 어려울 것이라 짐작은 했지만 밤송이가 아주 드물다. 흉년인가 싶은 마음도 잠간, 나무 밑에 나뒹구는 새파란 밤송이들은 가시가 쇠지도 않은 풋 것들이다. 누군가 마구 털어 큰 것들만 골라 깐 흔적에는 분노마저 인다. 며칠만 지나면 쩍쩍 벌어져 알밤을 떨굴 소담한 밤송이들의 모습이 무참하다.

이제 이곳은 미련 없이 버리고 떠나야 될 곳이긴 하다. 땅도 나무도 집도 조상님들의 산소까지, 금년 말 보상을 시작으로 파내야 될 곳이니까. 사실이 그렇다 하더라도 서둘러 잘라내는 인심이 너무도 야박하다.

허탈한 심정으로 그늘에 앉아 내려다보니 몇 해 전에 돌아가신 당숙 댁 논밭에 묘목이 빽빽하다. 아직은 3,40대인 육촌들이 묵정밭으로 두지 않고 약초라도 심었나 싶으니 내 아들 나인데 그런 생각을 한 것이 대견하다.

형님, 뭘 모르시는군요. 묵정밭과 경작농지는 보상 단가가 달라요. 집도 폐가와 주거하는 곳이 다르잖아요."

고향 가까이 사는 동서의 말에 집히는 게 있다. 순박하기만 했던 부모 세대도 돈맛을 알게 된 최근에는 모두가 돈으로 환산되어 가끔은 나를 쓸쓸하게 했었다. 그런데 그 분들마저 가시고 난 이제, 이곳은 누가 어떻게 보상을 더 많이 받을 것인가의 전장戰場일 뿐이다. 거기에 업자들이 끼어들어 더 난리란다.

그리고 보니 2년 가까이 비워 두었던 시골집에 와 살려고 수리를 한다던 당질부의 말도 생각이 난다. 그녀의 본심이 부모가 손수 지어 살던 집에 대한 애착이 아니라 보상을 두둑이 받자는 편법이라 할지라도 내가 비난할 이유는 없다.

나는 내가 태어 난 곳도 자란 곳도 아니건만 남편과 시동생들이 나서 자랐고 대대로 이어 내려온 시가의 애환이 서린 이곳에 대한 애착이 남다르다. 내게도 보상 받을 작은 꼬투리라도 남아 있다면 돈으로는 결코 보상 받을 수 없는 그 무엇에 대한 강한 애착이 보상 액수라도 늘려 보자는 오기로 작동 할 수도 있을 것 같다.

* **신포도**

이번 벌초 길에는 넷째 동서가 오랜만에 동행을 했다. 수용 대상 지역과 인접한 곳에 친가가 있어 사장 어른들의 안부 끝에 화제는 자연스레 땅 쪽으로 흘렀다.

수용지역의 지가에 4.5배를 호가해도 이미 원 주민들로부터는 살 땅이 없다는 말이 실감나지 않는다. 동서 네는 이미 몇 년 전, 아들 3형제에게는 고르게 증여를 끝낸 상태고 부모님 명의의 알토란 땅은 사후 큰 아들 몫으로 남겨 놓으셨단다. 그래서인지 행정수도 확정 발표 후, 딸들에게 은근히 포기 각서를 요구하셨는데 세 딸들이 도장을 찍지 않기로 담합을 했단다. 평소의 동서답지 않게 부모님 말씀에 거역했다는 사실이 믿기지 않는다.

그 때 오랜 동안 건설회사에서 일했던 시동생이 곁에 있다가 말했다.

"옛날부터 토지 수용 시, 1차 보상이 끝나면 형제간이, 2차 보상이 끝나면 부모 자식 간이 원수가 된다는 말이 있어요. 유산 없는 우리가 제일 편한 줄 알고 어머니, 아버지한테 감사해야 돼요."

나는 이 때, 불구경하던 '거지 부자(父子)'와 이솝 우화에 나오는 '여우와 신포도'를 떠 올렸다. 맞는 말이다. 우리 시댁의 8남매는 부모님께 기댈 여지가 없었기에 제각각 근검절약으로 일관했고 분수에 넘치는 욕심은 원천적으로 외면을 했다. 앞으로 보상을 받아도 재물로 인해 형제간에 얼굴 붉힐 걱정 없으니 부모님 덕이라는 시동생의 말은, 거지 아빠나 여우의 마음과 같은 우리 형제자매들의 마음을 그대로 표현한 말일 것이다.

가끔 친구들이 신문 기사를 보고

"너 그 동안 시어른, 시동생들과 살면서 고생하더니 늘그막에 거부되게 생겼더라."

하는 축하와 시샘이 섞인 인사를 하기도 했다. 그래도 나와는 별 상관이 없는 현실이기에 농담으로 받았다. 그러나 막상 보상금이라는 명목의 재물이 다소나마 우리 손에 쥐어지게 된다면 절대 공평하게 나누기는 어려 울 것이란 생각도 든다.

이번 설에는 우리 형제자매들도 보상금에 대한 구체적인 의논이 있을 것 같다. 부모님 시사답時祀畓으로 있는 논 몇 마지기, 40여명의 자손들에게 고루 유익하고도 조부모님의 유덕을 기릴 만한 분배나 합일의 묘수를 자손들 모두에게 공모하면 어떨까?

얼마 전 한국토지공사 행정중심복합도시 건설 사업단에서 보내는 우편물이 우리 집으로 배달되었다. 나는 표지만 훑어 보고 남편 책상 위에 가져다 놓았다. 혹여 시어른들의 피땀이 밴 그 땅을 돈으로만 환산하게 될까 싶어서였다.

* 땅이 뭐 길래

수용 된 지역 인근에서는 이즈음 때 아닌 가정불화로 곤란을 겪는 가정들이 늘고 있다. 평생을 교사 남편 시중에 시부모님 모시고 농사지으며 근면의 표본으로 살던 어느 여인의 이야기다.

18세의 꽃다운 나이에 사범학교를 막 졸업 해 햇병아리 교사가 된 청년과 결혼을 했다. 당시 초등학교를 나와 집안 살림만 하던 그녀에게는 과분한 결혼이었다. 인근의 칭송과 부러움 속에 가마타고 시집가며 새색시는 오늘의 이 기쁨을 계속 누릴 수 있도록 분골쇄신粉骨碎身하리라 다짐했다.

층층시하에 시동생, 시누이, 자기 자식만도 다섯이나 두었다. 시부모님 두 분은 무던하셨지만 말년에 시차를 두고 중풍으로 쓰러져 2,3년씩 대소변 수발까지 들어야 했다. 그래도 그녀는 묵묵히 며느리의 소임을 다했고 그 사이 자식들도 모두 장성해 도시로 갔다.

남편이 퇴직했을 때, 고향에는 넉넉한 농토와 아담한 현대식 농촌 주택도 마련해, 기름 값은 좀 들었지만 수세식 화장실에 냉 온수도 마음대로 쓸 수 있게 되었다. 게다가 남편은 이제 늙어 볼품없는 마누라 일망정 극진히 보살폈고 가끔 영감 마누라 서로 손잡아 주며 자식들 방문도 하고 해외여행도 갈 수 있으니 여한이 없었다. 두 양주는 들에 나가도 집에 들어와도 자기들의 노력이 헛되지 않아 감사했고 다달이 나오는 연금은 가용쓰고 가끔 자손들 용돈으로 줘어 줄만해 흡족했다.

그런데 이곳 땅 값이 치솟으면서 사정이 달라졌다. 도시로 간 자식들이 이참에 땅을 팔아 아파트를 사자며 자주 드나들기 시작 했다. 말인즉슨 이제 고생 그만하시고 편안한 노후를 즐기라는 말이지만 떡고물 생각이 왜 없겠는가.

그러나 남편의 생각은 달랐다. 일부러라도 시골집을 작만해 손자 손녀들이 방학에 내려와 자연과 고향과 이웃에 사는 피붙이들과 자연스레 친분을 갖게 해야 한다는 것이었다. 그래서 문전옥답은 정원 삼아 유실수와 꽃나무 심고 한 귀퉁이에는 오골계도 놓아 키웠다.

그러나 손자 손녀들은 클수록 방학에도 과외, 학원, 해외 연수 등등으로 모습은 고사하고 그림자도 구경 할 수가 없는 세월이 되었다. 결국 자식들은 땅을 쥐고 놓지 않는 아버지와 아직도 농사에 전념하는 어머니를 무식한 늙은이로 매도하고 심지어는 전과 달리 화를 잘 내는 아버지를 노망난 노인네로 몰아갔다.

'그놈의 땅이 뭐 길래.' 70줄에 들어 선 남편이 뇌졸중으로 말이 우둔하고 거동마저 불편하게 된 것도 땅이 원인이다. 남편은 평생 쉬는 것이 무엇인 줄도 모르고 산 부모덕에 불편 없이 사는 자식들이 부모의 피와 땀으로 장만한 농토를 돈으로만 계산하는 것에 처음에는 분노, 다음에는 허탈함으로 말문을 닫아 버렸다.

이즈음 아내는 말이 없는 남편의 속내를 알고파 안달이다. 자식 이기는 부모 없다고 그만큼 버텼으니 이제는 자식들 말에 따르는 게 순리라는 생각이 든 것이다. 며느리 아들은 차치하고라도 조리 있는 딸의 말에는 솔깃해진다. 어차피 멀지 않아 다 저희들 것인데 땅만 깔고 앉아 있다가 죽으면 너무 허망할 것도 같다. 더구나 자식들이 권하는 아파트 곁에는 시설 좋은 큰 병원도 있다니 금상첨화錦上添花가 아닌가.

결국 마누라까지 거동이 불편한 영감 따라 감농을 포기하고 남편을 조르는 일에 매달렸다. 평생 고생만한 마누라, 자식들 곁에 깨끗한 아파트 한 채 사서 늘그막에 호강 좀하다 죽게 해 달라 사정하고 포달도 부린다. 그러나 남편은 사정하면 측은한 듯 바라보다가도 "땅 좀" 하면 분명히 안 된다며 강하게 고개를 젓거나 손사래를 친다.

남편도 딱하긴 매일반이다. 50년을 함께 산 마누라, 생각해 보면 고맙기 그지없는 아내, 퇴직할 때만해도 앞으로는 호강만 시켜주어도 그 고마움을 다 못 갚을 것이라는 생각에 아파트에 버금가는 주택마련에 자가용까지 샀다.

'그런데 내 마누라와 자식들이 이럴 줄이야.' 남편도 자신의 고집이 여러 사람을 힘들게 하고 있다는 것쯤은 안다. 그러나 아무리 마음을 고쳐 먹어봐도 마누라와 자식들이 조르고 윽박질러도 아닌 건 아닌 것이다.

이즈음 남편은 맑은 하늘과 푸른 들판을 하염없이 바라보며 모두를 훌훌 털어버리고 산사에라도 묻히고 싶다는 생각을 자주한다. 참 안타까운 일이다. 피차 자기주장만 세우고 말은 잘 통하지를 않으니 마주하면 얼굴 붉히고 답답해 가슴을 치며 세월만 보낸다.

*유택을 옮기며 (황골엔 슬픔이)

산소 앞에 차려진 젯상祭床을 물리자 포크레인이 봉분의 가운데를 콱 찍어 흙을 옆으로 옮기기 시작 했다. 불과 5, 6분 만에 꽤 큰 산소의 봉분은 물론 광중의 뚜껑까지 열렸다. 인부 2명이 호미와 삽을 들고 안으로 들어가 주변의 흙을 고르며 유골을 찾아 담기 시작했다.

이미 윗대 여러 산소들도 같은 방법으로 진행했음에도 생전에 함께한 시간 때문인지 조부님 유골을 대하니 가슴이 찡해 왔다. 인부들은 조부님의 유골도 선대 어른들 못지않게 백골로 깨끗이 탈골되었다며 산소들이 모두 명당이라고 치하를 했다. 내가 보아도 부드럽고 고운 붉은 흙과 주변 어디에도 나무뿌리나 돌이 박혀 있지 않은 남향받이 산소가 참으로 좋은 곳이란 생각이 들던 터였다.

조부님 유골을 수습한 인부들은 왼쪽을 조금 더 파 내려갔다. 조모님 유골은 그 곳에 있었다. 조부님 보다 한 뼘 가량 낮은 곳인데 여자는 남자의 아래에 묻히는 것이 관례라니 여기도 남존 여비의 현장인 것 같았다.

우리는 안동 권權씨 추밀공파樞密公派 37대 손으로 연기군 남면 고정리에 13대째 일가를 이루고 늘어나는 손孫들은 근동近洞에 둥지를 틀며 돌레돌레 오순도순 살아 온 터였다. 가훈을 신의성실, 묵인자숙, 근검절약으로 삼고 남다른 노력을 한 덕에 자손은 번창繁昌했고 가세도 늘어 인근에 후덕한 가문으로 알려져 있다.

그러나 그간 세월 따라 젊은이들은 도시로 도시로 떠나고 노인들만 남아계신 고향에서는 선영先塋을 돌보는 문제가 큰 숙제로 대두되기 시작했다. 자손들의 열의는 남달랐으나 객지에 나가 있으면서 수많은 산소를 관리한다는 것은 여간 어려운 일이 아니었다.

그로부터 대안代案 찾기가 시작되어 몇 년을 갑론을박, 묘수 찾기에 열을 올릴 무렵 행정수도 확정 발표가 그간의 논란을 모두 잠재웠다. 우리 고향 마을도 수용대상이라 정부의 지시대로 움직여야 되는 상황이 되니 차라리 편했다. 논란의 여지 없이 대종회에서 5대조 이후를 소종회로 분리하여 양평공원묘지에 납골당을 마련해 오늘 업체를 선정하여 15위를 이장을 하는 것이다.

조상 대대로 뿌리내려 살던 고향에서 우리는 이렇게 조상님들을 안식처에서 파냄으로써 고향을 잃고 하나의 대종회에서 여러 개의 소종회로 나뉘고 말았다. 국가와 자손들의 이해가 절묘絶妙히 맞아 떨어진 경우지만 영영 고향을 떠나야 하는 소회所懷가 어찌 없으랴? 그러나 참석한 자손들 모두는 엄숙한 표정일 뿐 아무도 말이 없다.

이어서 백부님 유골 수습, 그런데 유골에 솜털 같은 것이 쭉 붙어 있었다.

"어! 이 분은 유골에 꽃이 피었네. 좋은 일 많이 하시고 덕을 쌓고 가셨나 보네요. 탈관을 했으니까 갈색이지 관을 썼으면 노란 황금색이었을 겁니다."

라고 전문가라는 이가 말했다. 맞는 말이다. 백부님은 한의사로 일관하시면서 적덕을 많이 하신 분으로 근동에는 잘 알려져 있다.

맨 끝으로 아버님 유골을 수습할 때다.

"아아, 이분은 황골黃骨이네. 자손들 번성하고 우애 있게 잘 지내지요?"

하면서 최고의 유택이라고 치하를 했다. 그렇지만 내 마음에는 짠한 슬픔이 몰려왔다. 아버님은 57세에 위암으로 세상을 떠나셨다. 막내 시동생이 중2로 아주 어렸고 살림은 극히 어렵던 74년 여름, 한 복중이었다.

열악한 환경과 영양가 따질 형편이 아닌 식생활로 더 일찍 가셨던 것은 아닌지? 말기 위암으로 심한 황달 증세를 보이셨던 아버님, 뼛속까지 황달이 침투한 결과는 아닌지? 황금색 유골로 자손들의 번성과 우애를 점친다는 말은 차라리 내게는 채찍이었다. 불효를 가난이나 세월 탓으로 돌릴 수는 없지 않은가?

오늘은 예정대로 15기만을 수습하여 양천공원 묘지로 갔다. 이곳은 환경, 위치는 물론 납골당의 외양, 오석의 재질 등 하나도 나무랄 데 없는 호화 안택이다. 해가 완전히 공원 뒷산을 넘을 때, 우리는 모든 일정을 마무리하고 뒤돌아섰다. 나는 애써 오늘 조상님들을 초가집에서 최고급 아파트로 이사시켜 드렸다고 생각을 했다. 더구나 한 지붕 아래 4대가 아들, 손자,

며느리까지 다 모이셨으니 경사라 해야 될 것이다.

그러나 나는 조상님들을 낯선 타향에 버리고 오는 것 같은 송구스러움을 못내 떨쳐 버릴 수가 없었다. 08년 5월 15일의 일이다.

* **잃어버린 고향**

우리 고향 마을에서는 나와는 동갑인 셋째 댁 당숙모가 제일 늦게 조치원으로 이사를 했다. 이제 그곳은 개발을 위한 공사가 시작되어 통행금지 구역, 아무리 그리워도 갈 수 없는 곳이 되었다.

문득문득 아쉬워 달려가 보고 싶었지만, 그 부근에 계속 살고 있는 친지들조차도 어디쯤인지 가늠할 수 없다는 말에 속절없이 세월만 갔다. 지난해 봄, 세종시(행정중심 복합도시)개발 계획서와 함께 연고자를 위한 택지 분양 안내서가 배달되어 왔다.

나는 포기가 빠른 사람이라 훑어보는 것만으로 끝냈는데 남편은 지도와 안내서를 보고 또 보고. 고향에 대한 미련을 떨쳐내지 못하는 것 같아 현장검증을 권유해 따라나섰다.

조치원에서 택시를 잡아 부근을 둘러보려했지만, 기사나 우리나 봉사가 따로 없었다. 하는 수 없이 대평리에 있는 LH공사 세종사업본부로 갔다. 여기나 저기나 온통 공사판인데 우리 고향 땅은 어디쯤인지, 지도도, 관계자들도, 부동산 업자들도,

모두가 장님 코끼리 만지기다.

우리가족이 모이고 흩어지는 것을 수십 년간 묵묵히 지켜보았던 종천 차부는 우람한 종합청사가, 큰 장 서던 대평리에는 시청사가 공사에 열을 오리고 있을 뿐, 익숙했던 산천은 모두 사라지고 없었다.

'모두가 꿈꾸는 최고의 행복도시'라는 명제의 세종시, 건설 현장은 현기증이 날 정도로 건축자재와 차량과 인부들로 먼지와 소음의 아수라장이었다. 그중 첫 마을은 상가 주민들이 입주를 끝낸 곳이라 했지만 우리는 덧정이 없어 그대로 상경을 했다.

옛 모습을 찾아볼 수 없는 고향. 우리는 이렇게 고향을 잃었다. 이제 우리는 엄마 품속 같은 고향을 마음속에만 간직하고, 떠도는 유목민이 되고 말았다. 오늘날 강산은 10년 단위가 아닌, 수시로, 자연 아닌 인공으로, 편리를 따라 너무도 쉽게 변하곤 한다. 아쉬운 마음이 간절하다. (2013.04)

꼴머슴 장손이

 숙모님 장례 날이다. 양지바른 선산 중턱에는 위쪽부터 조부모님, 조금 아래에 백부모님 산소가 있고, 그 바로 밑에 숙부모님의 가묘가 자리하고 있다. 숙부님은 이곳을 오래 전부터 정성껏 가꿔 주변이 아름다운 정원 같다. 그 중에도 흔치 않은 주황색 철쭉은 능소화 꽃무리가 햇빛을 받은 것처럼 환해 숙모님의 저승길을 밝히는 커다란 등불인가 싶을 정도다.

 시간 맞춰 하관을 한 후, 점심 식사를 하려고 자리를 잡는데 초로의 한 남자가 남편을 찾았다. 옅은 베이지색 국민복 차림인데 온화하고 겸손해 보여 호감을 갖게 한다. 그는 여기가 권權씨 상가인가 묻고 "순純자 일日자를 쓰시는 분을 찾는데요." 하는 참에 위쪽에서 내려오던 남편과 마주쳤다. 남편은 잠깐의 수인사 끝에 "아이구, 형님이시군요." 했고, 그는 "아직 나 기억해요?" 하더니 두 사람이 반갑게 손을 맞잡고 흔들었다.

내 짐작이 맞는다면 그는 옛날 우리 시댁에 꼴머슴으로 있던 장손이다. 실제로 본적은 없지만 엄마 등에 업혀 다니던 허약한 아기. 엄마 치마꼬리만 잡고 징징대던 수줍은 아이. 동네 또래들이 모두 등교하고 나면 홀로 풀밭을 찾아 꼴 베던 외로운 소년의 모습으로 내게 남아있는 사람이다.

그와 우리 시댁과의 인연은 왜정 말기 조부모님이 중년을 넘길 무렵부터였다. 그의 어머니는 남편을 징용으로 빼앗긴 후, 팔삭둥이 유복자를 낳았다. 그렇지만 호구지책이 막연해 산후 조리도 못한 채 박물장수로 나서야 했다.

어느 초 겨울날, 인적 없는 산 고개 마루턱에서 설사에 구토, 열까지 심해 자지러지게 우는 아기 때문에 곤란한 처지에 놓이게 되었다. 포대기도 기저귀도 입성도 제대로 갖추지 못한 처지니 여벌옷이 있을 리가 없다. 오물 때문에 벗기면 벌거숭이요, 그대로 두자니 얼어붙고 냄새는 나고 말이 아니었다.

마침 할아버지가 그 부근을 지나시는데 예사롭지 않은 아기의 울음소리가 들렸다. 내외를 하던 시절이었지만 그대로 지나칠 수 없어 다가가보니 사정이 매우 딱했다. 할아버지는 두루마기를 벗어 주시고, 멀지않은 곳에 인가가 있으니 도움을

청하라 하고 갈 길을 가셨다.

그 날, 할머니는 영감님이 햇솜을 넣어 새로 지어드린 두루마기를 입고 나가셨다가 벗은 채 들어오셨지만 어쨌느냐고 묻지 않으셨다. 물어도 대답은 않을 것이고 가엾은 이들을 외면하지 못하는 분이라는 것을 알고 계셨으니까.

섣달그믐께 해 질녘, 낯선 방물장수가 아기를 업고 시골집을 찾았다. 할머니는 문전 나그네 흔연대접이라는 가풍대로 흔쾌히 맞아 저녁을 먹인 후, 윗방에서 모자가 잘 수 있게 해주셨다. 식구들이 모두 잠든 이슥한 밤, 방물장수가 할머니께 반반하게 손질한 두루마기를 내놓고 저간의 사연을 말하고 할아버지가 자기 모자의 은인이라며 감사했다. 할머니는 처음 듣는 이야기였다.

이튿 날 할머니는 두루마기를 아기의 포대기로 쓰라 주시고 그 외에도 솜버선 두어 켤레와 긴 명주 필을 잘라 모자가 함께 둘러쓰게 해서 보내셨다. 그 후, 방물장수는 할아버지를 샌님, 할머니를 마님이라 부르며 자주 드나들었고 허약했던 아기는 차차 실하게 커갔다.

아이는 해방이 되고 나서야 늦깎이로 초등학교에 입학을 했고 두 번을 월반해 4년 만에 졸업을 했다. 그래도 가난은 면할 수 없어 소년이 된 아이는 우리 시댁에 꼴머슴으로 맡겨졌다. 그는 내 남편보다 나이는 많지만 학년이 같아 친구 같은 꼴머슴으로 6.25때까지 2년여를 한 집에서 살았단다.

그러다가 1.4후퇴 무렵 엄마가 아이를 찾으러와 모자가 함께 떠난 후 소식이 끊겼다. 할머니는 생존해 계실 때 모자가 살아있다면 한 번은 꼭 다녀 갈 사람들인데 라는 말씀으로 그간의 정을 아쉬워 하셨다.

그때 그의 안부가 궁금해 묻는 내게 남편은, 미군부대에 하우스보이로 들어가 공부를 계속했고, 그 후 방첩대에 들어갔다는 소문은 들었지만 확인하거나 만난 일은 없다고 했다.

내 짐작은 적중했다. 그의 어머니는 이미 십 수 년 전에 돌아갔지만 늘 우리 조부모님과 가족들은 물론 시골집을 못 잊어 했고, 자기도 진즉에 오고 싶었지만 직장 따라 거처를 옮기다 보니 이제야 오게 되었단다. 40여 년 전, 그것도 아주 고달팠던 어린 시절의 인연을 잊지 않고 찾아 온 그, 그에게 선뜻 형님이라 부르며 반기던 남편의 모습이 참으로 보기 좋았다. 그는 숙부님을 뵙고 조문을 한 후, 다른 어른들 산소에도 잔을 올리고 알 만한 사람들을 찾아 인사를 한 후 떠나갔다.

숙모님은 물론 그를 음으로 양으로 돌보셨던 선대 어른들도 뜻밖의 방문에 흡족하셨을 것이다. 나는 무엇보다 어른들의 기대를 저버리지 않은 그가 고마웠다. 이제 그는 더 이상 내 마음 속에 외로운 꼴머슴이 아니다.

어떤 무관심

길가에 수많은 사람들이 모여 무엇엔가 정신을 팔고 있다. 나도 별 생각 없이 그 무리에 끼어 발돋움을 했다. 덩치가 아주 큰 여자의 입속에서 더 큰 남자가 낚시 줄에 무엇인가를 걸어 꺼내고 있었다.

"아니, 저건 사람이잖아?"

그랬다. 큰 여인보다는 많이 작았지만은 여인이었다. 구경꾼들은 크게 뜬 눈을 감지 못하고 탄성을 발했다. 이번에는 큰 남자가 곁에 있던 작은 남자의 입속에 낚시를 밀어 넣어 무엇인가를 끌어냈다. 사람은 아니었지만 사람의 팔뚝만한 금속막대가 달려 나왔다. 주위는 외마디 소리를 지른 후 아주 조용히 다음에 일어 날 사태를 주시하고 있었다.

큰 남자는 금속막대를 들고 살피더니 조작을 하기 시작했다. 그것은 작은 여인을 움직이게 하는 리모콘이었다. 큰 여인의 입속에서 나온 작은 여인은 리모콘에 의해 정확하고도 빠르게 움직이기 시작했다. 큰 남자는 구경꾼들의 흥미를 위해 겉옷을 벗기고 부라자의 어깨끈까지 풀리게 하며 느물거렸다.

처음에는 너무도 그 동작이 빠르고 정확해 로봇인가 생각했는데 문득문득 민망해 어쩔 줄 모르는 눈망울과 내비치는 눈물로 로봇이 아니라는 확신이 들었다. 말려야 된다는 생각에 큰 여인 옆으로 가 눈치를 살폈지만 그녀는 이미 타성에 젖어 이성을 잃은 것 같았고 그 곁의 작은 사내는 큰 남자 앞에 두 손을 비비며 굽신거렸다.

이건 인간을 모독하는 일이다. 나라도 막아야한다. 나는 분노와 적개심으로 앞뒤 생각 없이 큰 남자의 손을 세게 쳐 리모콘을 놓치게 했다. 그리곤 운집한 대중을 향해 소리쳤다.

"당신들은 지금 무엇을 하고 있는지 아십니까? 사람이 사람을 동물 취급하고 강자라는 것 하나를 믿고 스스로 야수로 변하고 있는 인간 아닌 동물을 보고 있는 것입니다. 자유와 민주를 외치며 사람답게 살고자 했던 정의파는 다 어디로 갔습니까? 우리 모두 함께 이 짐승 같은 인간을 몰아냅시다."

그 순간 나는 보고 들었다. 무관심한 수많은 군중들의 눈빛과 '남의 일에 참견 마.' '너나 잘해.' 하고 비웃는 소리를…. 내게 동조하거나 관심을 보이는 사람은 아무도 없었다.

큰 사나이는 '꼴좋다.'라는 표정으로 여유 있게 작은 사내가 주워주는 리모콘을 받아 들었다. 나는 그 다음 동작이 무엇인지 알 수는 없어도 너무 두려워 뒤돌아서 뛰기 시작했다. 그 뒤를 큰 남자의 호탕한 웃음소리와 군중들의 야유가 따라왔다.

'무엇인가 크게 잘못되고 있다. 무엇이 어떻게 잘못 된 것일까?' 나는 달리면서도 원인을 찾지 못해 안간힘을 쓰다 모래밭에 콧방아를 찧다.

"아, 코피!"

정말 생뚱맞은 꿈이다.

그러나 개꿈이라 일축하기에는 큰 남자의 독선과 횡포, 큰 여자의 무심, 작은 남자의 아부, 또 작은 여인의 숙명처럼 느껴지던 슬픔이 내 의식 속에 너무도 생생하다. 더구나 그 모두를 무관심으로 일관하던 군중들의 표정과 야유의 목소리는 시간이 갈수록 내 귓가에 더 쟁쟁하게 울려온다.

달아달아 밝은 달아

 내 곤한 몸을 흔들어 깨우는 이는 누구일까? 잠결에 일어나 두리번거려 보지만 사위가 고요할 뿐 아무런 움직임이 없다. 열린 창으로 열대야를 몰아 낸 선들바람이 휘돌아 나가고, 소란스런 자동차 소리도 들려오지 않는다.

 단잠이 아쉬워 얼른 자리에 누우니, 둥근달이 온몸으로 나와 눈을 맞추자고 한다. 반갑다. 이게 얼마만인가?

 나는 어려서부터 달을 무척 좋아했다. 초승달이 살쪄 둥글게 변해가는 모습에서는 희망을, 조금씩 줄어드는 모습에서는 남을 위해 자기를 희생하는 현자 같아 닮고 싶기도 했다.

 그런 달이 슬픔일 때도 있었다. 6.25 때다. 나는 동생 셋과 조부모님을 따라 피난 간 어느 집 평상에 누워 달을 보며 노래를 불렀다. '달아달아 밝은 달아, 이태백이 놀던 달아…' 생사를 모르는 부모님 생각에 나도 모르게 눈물이 났다. 그때 "누나. 저 달은 엄마아빠도 보고 있겠지?" 하는 큰 동생 말에 우리 사남매는 할아버지할머니가 서운해 하실까 봐 소리 죽여 함께 울었다. 그로부터 달은 외롭고 슬퍼보였다.

그러다가 그 달마저 언제 뜨고 지는지 마주 할 새 없이 바쁘게 살았다. 농촌인 시댁에 명절을 쇠러 가고 올 때, 혹은 저녁 설거지를 하고 가마솥에 물을 길어다 부을 때, 잠깐잠깐 만났지만 잠시 반가웠을 뿐 더 이상 기쁨이나 서러움을 되새겨 볼 새가 없었다.

그런데 그 달이 왜? 달력을 보니 열사흘이다. 추석이 코앞이지만 이리저리 분주히 뛰어다녀야 했던 예년과 달리 금년은 한가하기 짝이 없다. 지난 설에 온가족이 모여 추석 차례를 성묘로 대신하기로 했기 때문이다.

나는 7남 1여의 외동으로 자라 7남 1여의 맏며느리로 산다. 양가 부모님들은 똑같이 자손들을 자주, 가까이 두고 보기를 원하셨다.

친정은 서울이라 따로 사는 어느 올케가 "어머니, 이번에 담근 열무김치가 아주 맛있게 익었어요." 하고 전화를 하면 어머니는 같이 사는 셋째 올케와 바꿔 통화를 하게 했다. 그런 주말이면 아들 며느리들이, 손자 손녀 손잡고 삼겹살, 훈제오리, 하다못해 소시지라도 들고 형편껏 시간을 내 모여 든다.

그리고는 식탁이면 식탁, 교자상이면 교자상에 부탄가스와

불판을 올려놓고 바비큐 파티를 벌린다. 맛있게 익은 열무김치가 이집 저집에서 깻잎장아찌, 상추, 오이, 풋고추, 당근 등등을 불러 모아 상다리가 휜다.

용기도 도자기부터 유리, 플라스틱, 은박접시, 종이컵까지 가지각색이다. 서열도 선후도 없다. 굳이 따지자면 도착순이라 할까? 그 속에서 애어른이 함께 어울려 모두가 즐겁다. 어쩌다가 참석한 남편은 무질서하다, 정신없다 말했지만, 친정 부모님의 흡족해하시는 모습을 보는 나는 늘 기뻤다.

그에 반해 시댁은 시골이라 무슨 날에나 모였고, 유교적인 분위기라 며느리들에게는 어쩔 수없는 며칠간의 시집살이였다. 매사가 철저한 장유유서의 질서 안에서 조용하고 일사분란하게 치러졌다. 그렇지만 드러나지 않는 남녀차별에, 손님 접대도 오는 대로 꼬박꼬박 새 상을 차려내야 되고 보니, 때 없이 오는 손님이 반가울 턱이 없었다.

새 며느리들 수가 늘면서 나름의 개선안들을 내놓기도 했지만, 높고 굳은 벽에 부딪히곤 했다. 그래서 귀염 받는 딸에서 소중한 며느리이고 싶은 타성바지 여자들의 희망은 늘 아쉬움으로 남았다. 그때 개선이 개혁보다 어렵다는 사실을 뼈저리게 느끼기도 했다.

자식바라기하시는 부모님들의 마음은 한가지였지만 며느리들이 앞장서는 집과 아들들 눈치만 보는 집의 분위기는 영 달랐다. 어느새 그 어른들 모두 가시고 이젠 내가 그 자리에 앉았다. 친정은 지금도 여전히 형제들이 그렇게 자주 모여 즐긴다.

이제 우리 시댁 형제자매들도 거의 서울 부근에 산다. 그래도 무슨 날에나 모이고 그마저 점점 횟수가 줄어 안타깝다. 선대 어른들은 양가가 모두 대가족에, 오가는 객식구가 끊이지 않는 삶을 사셨다. 게다가 경제적 어려움도 컸고 생활여건도 불편했지만 모두를 아우른 채 웃음이 떠나지 않게 잘 사셨다. 그런데 모든 여건이 훨씬 좋아진 지금, 나는 그 치다꺼리가 힘들고 어렵다고 고개를 내저어, 금년부터 산소에서 모이기로 한 것이다.

옛날과 달리 복잡다단하고 여자들도 밖에 나가 일을 해야 하는 오늘 날, 격식차려 올리는 제례와 손님 접대는 주부들에게는 과중한 부담이 아닐 수가 없다. 그러니 대부분의 어머니들과 딸, 며느리들은 그 부담을 넘겨주고 받기를 부담스러워 할 수밖에는 없다. 나도 예외가 아니라 총대를 메고 앞장을 선셈이다.

내일부터 시작되는 연휴에 남편은 웃음이 없을 것이고 나는 흘금흘금 눈치를 보는 날이 이어 질 것이다. 그래도 언젠가는 치러내야 할 일이기에 나는 굳세게 모르쇠로 넘어 갈 각오를 하고 있다.

몸이 편하면 마음이 괴롭고, 마음이 편하면 몸이 괴롭다. 금년 추석은 영감 마누라가 속마음은 감춘 채, 말 않고 북적대던 예년과 달리 쓸쓸히 보낼 공산이 크다. 그래서 누구보다 더 아프고 안타가운 내 마음은 누가 알아줄까? 오랜만에 밝고 맑은 달을 마주한 내 푸념은 길고 길어 이 밤을 지새울 것만 같다.

하늘색 찾기

 원형 식탁 위에 A4 용지 갑절로 보이는 종이판때기와 퍼즐 조각들이 수북하다. 반갑다. 퍼즐이나 빈칸에 맞는 낱말 찾아 넣기를 즐기는 터라 텅 빈 딸네 집에 초대받은 처지지만 무료하지는 않을 것 같다.

 색깔만 있고 그림은 없는 조각들인데 제목은 하늘색 찾기다. '하늘색?' 순간 새파란 하늘이 떠오른다. 그러나 창을 통해 바라본 하늘은 희뿌연 무채색이다. '그래, 하늘은 모든 색이야.' 입과 머리가 따로 논다.

 하늘색하면 청색이란 고정관념은 내가 초등학교 1학년 때부터다. 어느 토요일 숙제가, 자기 집에서 보이는 어느 한 곳을 정해 그대로 그리기였다. 나는 안방 뒷문을 열어 놓고 뒤뜰의 배나무와 복숭아나무를 그리기 시작 했다. 저녁 무렵이라 날

아들고 나는 새들이 많았다. 그리면 날아가고 지우면 또 날아와 속이 상했다. 곁에 있던 고모가 잎과 열매와 새들은 고대로 그려 넣지 않아도 된다고 했지만, 듣지 않고 올려다본 하늘은 새파랬다. 같은 색을 찾아 하늘을 칠하다가 솜뭉치 같은 흰구름 때문에 또 멈추고 말았다. 그때부터 하늘은 파란색이란 생각은 초등학교 교사가 되었을 때까지 변함이 없었다.

첫 부임지에 가 3학년 담임을 맡았다. 3일째 되던 날, 미술시간인데 한 아이가 제출한 그림이 모두 새까맸다. 본뜬 노란색을 따라가며 자세히 보니 초가집 한 채와 세모뿔 닮은 짚더미, 그 사이에 사람 둘이 손을 잡은 모습이다. 그림 같지도 않고 성의도 없어 보여 황당했다. 초짜 담임을 무시한 것은 아닐까 하는 생각에 은근히 화도 났다.

그러나 부임 직전 받은 강습에서 '그림으로 아이들 마음 읽기'를 흥미롭게 수강한 바가 있어 가만히 아이에게 물어 보았다. "밤중에 할머니 하구 똥 누러 가는 거." 란 대답이 선선히 나왔다. 순간 쳐다 본 하늘은 짙은 회색이었다. 그때서야 깨달았다. 하늘은 파란색만이 아니라 모든 색이란 사실을….

그 아이는 그렇게 내 오랜 고정관념을 깨뜨려 주었지만 지금도 하늘 하면 어렸을 적에 본 새파란 하늘을 떠올린다. 이렇게 쉽게 고쳐지거나 허물어지지 않는 게 고정관념이다. 우리는 하늘색만이 아니라 매사에 그렇다. 알면서도 지우고 허물지 못하는 고집, 바로 아집이다. 그래서 부부, 부모자식, 형제자매, 친구나 이웃 간에도 선을 긋고 담을 친다.

한참 만에 완성된 퍼즐은 흰색부터 검정색 까지를 아우른 모든 색깔들의 한 마당이다. 서로 스며들듯 섞이고 품어 안는 모습은 아름답기도 하거니와 부드러워서 더 포근하고 정겹게 느껴진다.

"띵-동. 택배요."

서둘러 현관문을 열고 짐을 받는다. 식기 세척기다. 곧 기사가 와 공사를 할 것이란다. 이 공사 감독이 주인 없는 딸네 집에 온 내 사명이다.

이제 창밖의 먼 하늘은 불꽃처럼 타고 있다. 간간이 노랑, 파란색도 보인다. 저렇게 많은 색과 모양을 수시로 품어 안는 하늘은 스스로 비움으로써 변화무쌍하면서도 무한한 포용력을 갖는다. 작은 욕심을 버리고 얻은 성과다. 세상사도 저렇다면 무슨 걱정근심이 있을까?

식탁 위와 창밖의 두 하늘을 마주하고 기사를 기다리는 마음이 평화롭다.

재건 데이트

흐느끼듯, 와보라는 듯, 손짓하는 억새밭이 화면 가득 펼쳐지더니 코스모스 꽃길로 이어진다. 여편은 문득 밖으로 나가 가을을 맞고 싶다.

"날도 청명한데 선유도에나 다녀올까?"

여편의 혼잣말을 들은 남편이 반색을 한다.

"선유도보다 하늘공원 한 바퀴 돌고 나와, 수산시장에 가서 전어 회 먹고 오면 더 좋지."

모처럼 의기투합한 부부는 버스로 상암동 월드컵경기장 앞에 내려 맹꽁이 열차를 찾는다. 그런데 열차 매표소에도 승강장에도 긴 줄은 끝이 보이지 않는다. 무릎 관절이 나쁜 여편은 걸어올라 갈 자신이 없어 일찌감치 난지천 공원이나 한 바퀴 돌기로 마음을 굳힌다.

그러나 남편은 말도 없이 매표소 줄 끝으로 가 선다. 여편이 30분은 넘게 기다려야 될 것 같다는 말에도, 줄을 따로 서면 빨리 탈 것 같다는 말에도, 있는 게 시간뿐인 데 뭘 서두르느냐며 그냥 있잔다. 모두가 생각 나름. 여편도 덩달아 여유가 생긴다. 따가운 햇볕은 비타민 D와 E를, 선들바람은 상쾌한 기분을 선사해 줄 것이다.

오래 기다린 끝에 표를 사고, 승차를 위해 또 줄을 선다. 그늘이 없는 곳이라 겉옷을 벗어들어도 땀이 난다. 여유가 슬슬 짜증으로 변할 무렵 먼저 점심을 먹고 오자는 남편과, 기다린 시간이 아깝다며 그대로를 고집하는 여편이 잠시 실랑이를 벌린다. 시각은 이미 정오에 가깝지만 여편은 조금 전, 매점에 가서 물과 김밥 두 줄을 챙긴 터라 느긋하다. 여편의 승리로 자리를 지켜 올라탄 맹꽁이 열차는 서행이다. 주위를 둘러보는 두 사람 마음도 덩달아 느긋해 진다. 드디어 하늘 공원이다.

"와! 굉장하다." 여편의 감탄에 "오나가나 사람 참 많기도 하다." 남편의 동문서답이다. 솜털처럼 활짝 펴 나붓거리는 억새 꽃밭에 드문드문 무리 져 덜 핀 억새꽃들의 춤사위가 잔물결처럼 자르르하다. 색깔마저 발그레하니 더 곱게 보인다.

둘레 길에 오르니 길도 주변의 그늘도 사람들로 꽉 차, 서로 비켜가기가 어려울 정도다. 아무도 없다고 생각했던 억새밭도 그늘진 곳이면 사람들이 자리를 펴고 앉아 먹고 마신다. 출출했던지 남편이 매점을 기웃거리는데 그 줄 또한 길다.

재건 데이트

여편은 김밥과 물이 있으니 그냥 가자며 앞서 걷는다. 거의 반 바퀴는 돌아서야 반그늘 속 나무토막을 찾아 앉는다. 은박지에 싼 김밥 한 줄씩을 나누어먹는데 꿀맛이다. 병째 들고 마시는 물도 달다. 집에서라면 성찬을 놓고도 탓이 많은 이즈음인데, 한 줄 김밥에 만족하는 자신들의 모습이 신기해 웃는다. 살짝 가소롭다는 생각도 든다. 환경에 제일 빨리 잘 적응하는 동물이 인간이란 말이 맞나보다.

식후 커피 생각이 간절한지 남편은 굳이 매점 앞에 가 줄을 선다. 여편은 '내려가 우아하게 커피 전문점에서'를 주장했기에 모르는 체 그늘에 앉아 멀고 가까운 풍경을 즐긴다. 가까이는 풍요롭게만 보이는 인파가 억새풀과 함께 넘실대고, 멀리는 국회의사당과 맞닿는 서강대교로부터 우측으로 당산철교, 성산 가양 신행주 마곡 방화대교 등등‥‥. 반원형으로 돌아 흐르는 한강을 건너 영등포와 강서지구를 잇는 다리들이 부채꼴로 포진하고 있다. 강 양안은 산책로와 자전거 길, 아름다운 꽃밭과 편의 시설들이 유명 산수화를 닮아 있다.

이곳은 불과 30여 년 전까지만 해도, 쓰레기 매립지로 악취와 소각로의 그을음 때문에 주변의 주민들을 짜증나게 했던 곳이다. 그랬던 이곳에서 풍요와 아름다운 사계를 즐길 수 있는 행운이라니? '우리나라 좋은 나라'라는 말이 절로 나온다. 한참 만에 돌아 온 남편이 냉커피 한 병을 건넨다. 그윽한 향에 달보드레하고 시원한 맛이 일품이다.

문득 남산을 오르거나 중앙청 비원을 지나 창경궁 앞길을 걷던 옛날이 떠오른다. 농촌에서는 해마다 보리 고개를 넘기기 어렵다, 힘들다하던 시절, 가난한 농촌 출신의 연인들은 빵집에서 만나 밥값, 찻값 아끼고 밀어는 운치 있는 길을 찾아 걸으며 나누었다. 그 중 단골은 덕수궁 돌담길, 최소한의 경비로 최대한의 즐거움을 나누었던 만남이 바로 재건데이트다.

주머니에는 먼지와 주민등록증만 들어있을지라도 마음은 늘 풍요롭고 희망에 찼으며 부자가 부럽지도, 가난이 부끄럽거나 두렵지도 않던 나날들이었다. 오직 둘이 한 마음인 것만으로도 족했던 더없이 아름답던 시절이다.

귀가 길에 둘은 전어회 대신 모듬회 한 접시와 도미매운탕거리를 산 후, 신선도를 유지해야 한다는 남편 말대로 택시를 타고 달린다. 남편은 푸짐한 저녁상을 상상하며 만족 해 하고, 여편은 오랜만에 새롭게 맛본 재건데이트로 인해 더 즐겁고 행복하다.

*여편 : 여편네 대신 남편의 상대적 개념으로 씀.

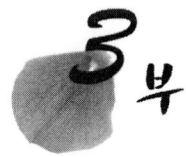

바닥짐 삼제
더없이 소중한 것
다 워딜 간기여
내 영혼이 맑던 날
남편은 구두쇠
천일 야화
살다보면
딸도 아니었습니다
여행의 묘미
노옹의 회고담

바닥짐 삼제

1.

교우들과 평화의 댐에 갔다. 호수를 가르는 최신형 모터보트는 12인승. 항해사는 앞자리 오른 편, 승객들은 그 뒤쪽에 ㄷ자형으로 배치한 좌석에 앉게 되어 있다. 보트는 흰색에 코발트 색 줄무늬가 산뜻하고 생김은 우아한데다가 날렵하고, 속력은 빠르고 안전하다니 나무랄 데가 없다. 짧은 시간이지만 신나는 속도감을 맛보며 유람도하고, 건너편 맛 집에서 푸짐한 산채 비빔밥도 먹고 모두가 대만족이다.

돌아오는 길, 보트에 앉으니 희미한 기억 속에 돛단배 한 척이 떠오른다. 초등학교 시절로 여주 신륵사를 갈 때였다. 사공은 강가에 매어두었던 밧줄을 풀고 긴 장대로 배를 밀어 물 가운데로 띄운 후에, 뒤편에 있는 길고 넓적한 노를 잡았다.

그 노로 방향을 잡고 속력을 조절하더니, 바람이 거세지자 돛을 내려 접었다. 그러면서 승객들에게는 이리저리 몰리지 말고 가운데로 모여 앉아 있으라고 했다.

배는 위태롭게 뒤뚱거리면서도 용케도 건너편에 사람들을 내려주었다. 나는 사람들이 다 내린 후에도 배 가운데 놓여있는 모래주머니를 내릴 생각은 안 하고 되돌아가려는 사공에게 물었다. "저짐은 안 내려요?" 사공은 대답했다. "그 건 내릴 게 아니라네. 이 배의 지킴이요, 생명줄인 걸."

나는 집에 와서야 아버지 말씀으로 그것이 배의 무게 중심을 잡는 바닥짐이란 걸 알았다. 바닥짐은 모래주머니 외에도 자갈을 깔아 대신 하기도 한단다. 무겁지만 출렁거리는 물위에서 긴 돛을 올려도, 바람이 조금 불어도 배가 넘어가거나 뒤집히지 않도록 배의 균형을 잡아주는 바닥짐, 보잘 것 없어 보여도 그 역할은 매우 크고 중했다. 그때 넘어질 듯, 넘어질 듯, 흔들리면서도 돛단배가 안전하게 건너 간 것은 사공의 기술과 바닥짐의 공로였던 것이다.

이제 모터로 달리는 최신형 보트에서 바닥짐을 찾아 볼 수는 없다. 그러나 보이지 않는 곳에서 배의 균형을 잡아주는 물탱크가 있어 안전운항이 가능하단다. 참 고맙다.

2.

행락行樂철이 되면 출석 교인수가 부쩍 준다. 특히 뒷자리부터 중간까지가 휑하다. 엿새 동안의 천지 창조 후, 이레 만에 안식하신 하나님을 경배하러 하나님의 집, 성전에 가는 날인데도 말이다.

'주님의 날에 행락이라니? 괘씸한지고.' 그것은 어디까지나 앞자리 어른들의 마음이다.

'하나님도 안식하시는데 나도 가끔은 마음 내키는 대로 쉬어 보고 싶다.' 이것은 주 5일간 힘써 일한 젊은 가장들의 바람이다.

매주 중간쯤에 자리 잡는 나는 예배에 앞서 인원 점검에 들어간다. 지정석은 없어도 교인들은 대부분 앉는 자리가 일정하다. 먼저 빈자리가 적은 앞자리, 뒷모습이 백발이거나 머리숱이 건성드뭇하다. 그래도 오후 예배까지 꼬박꼬박 나와 앉는 분들이다. 든든하다.

고개를 뒤로 돌리면 낯선 새얼굴들이 반갑고 낯익은 이들의 빈자리는 안타깝게 다가온다. 앞자리에 비해 젊은이들이라 더 아쉽다.

앞에 자리한 분들은 배운 것이 적고, 기도를 할 때면 같은 말을 되풀이해도, 젊어서부터 교회의 궂은일은 다 찾아하고, 새벽기도부터 철야기도까지도 빠지지 않는 분들이다. 머리로 생각하고 따지는 내가 설익은 메떡 같은 교인이라면 저분들은 조건 없이 가슴으로 믿기에 잘 익은 찰떡같은 교인들이다.

설교가 시작되었어도 뒷자리는 다 채워지지 않는다. 나도 개근과는 거리가 멀면서도 자리가 많이 비면 안절부절 이다. 오늘따라 늘 자리를 지키는 앞자리 어른들이 더 없이 소중하다.

3.

이름도 생소한 IMF. 흥청망청하던 나라가 어느 순간 곧 쓰러지게 되었단다. 대통령과 정치가, 경제전문가들이 다 나서도 해결이 어렵지만, 온 국민이 나서면 해결될 수가 있단다. 각자가 장롱 속에 소중하게 모셔 논 금붙이만 내 놓는 다면….

친구들 모임에서도 단연 화제는 금을 내놓을 거냐 말거냐다. 애국심에 의협심까지 강한 친구들은 이미 있는 것 모두 은행에 맡겼다며 의기양양, 내 놓지 않은 몇몇도 국민이면 내 놓는 것이 마땅하단다.

그런데 한 친구는 절대로 내놓을 수 없다며 결자해지, 이런 사태를 초래한 위정자들에게 맡길 일이지 소시민들의 주머니도 모자라 장롱 속까지 털 일은 아니란다. 그럴듯했다. 그래도 대세가 불리해지자, 그녀는 아이들 돌 반지나 부모님 환갑에 해드린 금단추, 금비녀까지 내놓으라는 투는, 일제 때 놋그릇에 수저까지 수탈해 가던 방식을 닮았다며 흥분했다.

나는 아이들 돌 반지도 가락지도 비녀도 없었지만, 남편 퇴직 기념으로 받은 메달 몇 개를 놓고 망설이던 참이었다. 아빠의 유산이요, 가보로 아이들에게 물려 줄 셈을 잡고 있었으니까. 그날 돌아와 나는 남매에게 한 개씩 남겨줄 요량으로 두 개의 메달을 남겨두고 국민은행을 찾았다.

우리 역사를 보면 국난을 맞을 때마다 위정자들보다는 민초들의 뭉쳐진 힘이 나라를 구했다는 걸 알 수가 있다. 비행기 타고 외국으로 도망 할 수 있는 사람들과 죽으나 사나 이 땅에서 버텨야 하는 사람들의 입장은 사뭇 다르다. 나는 도망 갈 처지가 못 되니 지켜내야 했다. 벌써 옛날이야기다.

그때 금을 내 놓지 않고 버틴 친구는, 그 후 금값이 올라 작은 아파트 한 채를 장만하는 단초가 되었단다. 그런데도 내 친구들은 아무도 그를 보며 부러워하거나 배 아파하지 않는다. 싼 값에 날아간 금을 아까워하지도 않는다. 바보 아니면 나라를 지켜낸 애국자라서? 아니, 모두 아니다. 그들은 늘 그렇게 제자리를 지키며 묵묵히 제 할 일을 하며 사는 친구들이라서다.

더없이 소중한 것

암만 생각해도 괘씸했다. 미국에서 살던 아들네를 불러들여 함께 산지도 여러 해가 되었다. 그간 아들은 물론, 결혼 전에 시향市響에서 바이올린 주자로 활동했던 며느리도 남매 키우며 말없이 큰살림을 잘 감당했다.

그런데 오늘 아침 밥상에서 사단이라면 사단이 났다. 아들이, 아이들이 학교에 들어가면 과외나 특기 지도를 받아야 되는 게 현실이란 말로 운을 뗐다. 요는 제 처도 전공인 바이올린 개인 지도를 해야 되겠으니 일주에 3,4일 정도 자유 시간을 달라는 말이었다. 눈치로 보아 며느리는 지도할 아이 몇몇도 은밀히 선정해 약속이 된 것 같았다.

그녀는 며느리가 밖에 나가 일하는 것을 장려하지는 않지만 굳이 반대할 생각도 없다. 다만 몇 년을 하루 같이 머리를 맞대고 살면서도 시어미한테는 말 한 마디 않다가 베갯머리송사로 아들을 부추긴 것이 고까울 뿐이다.

그 간에 저와 내가 쌓은 정이 이 정도밖에 안 되었단 말인가. 아직은 제 어미 손길이 필요한 손자 손녀나 식구들 저녁 취사 문제도 있는데. 그리고 보니 모두가 시집살이에서 벗어나고 싶은 제 욕심에서 나온 핑계란 생각이 들었다.

남편과 아들이 출근하고 아이들은 차를 태워 유치원엘 보낸 후, 그녀는 며느리에게 말했다.

"차 마시면서 아침에 아범이 하던 이야기 마무리를 짓자."

며느리는 말없이 차를 한 잔만 타 가지고 와 시어머니 앞에 놓고 마주 앉더니 거두절미하고 결론을 말했다.

"어머님 아버님이 반대하시면 이번에는 포기하겠습니다. 그렇지만 제 일을 영영 그만두고 싶지는 않아요."

태도는 공손했지만 제 의사를 분명히 한 며느리는 방으로 들어가더니 기척이 없다.

그녀는 무시당한 것 같은 기분을 풀길이 없어 안방으로 거실로 서성이며 좌불안석, 누구에겐가 마음껏 하소연이라도 해 보고 싶었다. 딸이 넷이나 되지만 초록은 동색이라, 모두 제 올케 편을 들어 오히려 어미의 화를 돋울 게 뻔하니 소용이 없다. 그저 속상하고 막막했다.

그때 문득 셋째 아들네와 같이 살고 있는 큰올케 생각이 났다. 큰 오라버니가 뇌졸중으로 거동이 불편하니 집에 계실 것이다. 훌쩍 나서서 전철을 타고 큰 오라버니댁에 가 벨을 눌렀다. 몇 번을 눌러도 반응이 없어 경비실로 내려와 난감해 하는 그녀에게 경비원이 말했다.

"할머니 할아버지는 뚝방 근처 밭에 계실 것 같은데 가르쳐 드릴까요?"

내친걸음이다. 경비원의 말을 따라 아파트 뒤쪽으로 난 길로 얼마 가지 않아 뚝방에 휠체어를 타고 앉아 있는 큰 오라버니가 보였다.

"오빠-."

어렸을 때처럼 주의를 의식하지 않고 큰 소리로 부르며 손을 흔들었다.

"아니, 저게 누구여. 우리 작은아가씨 아냐?"

오빠와는 달리 몸집이 작아 고추 포기에 묻혀 보이지도 않던 큰올케가 한달음에 달려와 그녀를 얼싸안았다.

마주 안는 그녀의 눈에서 생각지 않은 눈물이 왈칵 쏟아졌다.

"한 집에서 아들 며느리 효도 받으며 같이 살기도 쉽지 않지?"

가볍게 등을 토닥여 주는 올케로 인해 기분이 풀린 그녀가 말했다.

"언니, 나는 이제야 며느리 일곱을 말없이 거느리는 언니가 참 대단한 여자라는 것을 알았어. 그 동안 얼마나 힘이 들었어?"

"산다는 거 별것 아니라우. 저 푸성귀들처럼 무던히 참고 정성껏 가꾸면 되는 거지 뭐."

"……."

"며느리 사위는 물론, 아들딸에 손자손녀도 다 큰 상전이고 애물단지지. 그렇지만 더없이 소중한 것들이기도 하잖아?"

그녀가 초등학교 1학년 때 시집 온 큰올케가 늙은 시누이를 아가씨로 부를 때면 그녀도 철없는 어린애가 되어 응석조의 반말이 절로 나온다. 그녀는 곧 옛날로 돌아가 오라버니와 올케를 상대로 수다를 떨며 모든 시름을 잊었다. 올케의 텃밭에서 솎은 채소로 만든 점심 반찬들은 상큼 쌉쌀한데다가 매콤 달콤한 맛까지 섞여 세상살이의 온갖 맛을 다 느끼게 했다.

그녀는 오늘 며느리와의 이야기는 한 마디도 안 했지만 정성껏 심어 인내로 가꾼다는 큰올케의 텃밭을 보며 결심한 바가 있었다. 그래서 일까? 채소를 한 보따리 받아 들고 돌아오는 길은 갈 때와는 달리 평온하고 즐겁기 까지 했다

다음 날 아침, 그녀는 며느리와 마주 앉아 차를 마시며 말했다.

"네 재능을 썩히는 것은 나도 아깝다. 그러니 아이들 개인지도 문제는 네 뜻대로 하고, 올 가을에는 살림을 나도록 준비를 해라. 너희들 주려고 사서 전세를 준 집이 그때 만기가 되니 아범에게도 네가 이야기를 하렴."

뜻밖의 말에 놀라는 며느리를 보며 그녀는 자신의 결정에 스스로 흡족했다.

다 워딜 간기여

"석아-, 석아-. 야가 워딜 간기여?"

며칠째 어머님은 아래위층으로 오르내리며 막내 아드님을 애절하게 부르신다. 40이 넘어 둔 늦둥이 막내는 젖배를 곯려서, 외동딸은 아들들에게 밀려 진학의 꿈을 접게 해서 늘 아픈 손가락으로 남아있다.

"배고픈 건 못 참는 아이라 끼니때는 꼬박꼬박 들어오는디. 워딜 간기여?"

"……."

"애가 나가서 벌써 며칠짼 디 큰형수라는 건 찾을 생각도 안 허고, 아이구. 어쩔거나, 어쩔 껴?"

어머님은 16세에 종가 댁 둘째 며느리로 시집을 오셨지만 시부모님 모시고 고향 집을 지키며 봉제사까지 오래 맡아 하셨다. 슬하에 7남1여를 두고 부모님 모시고 봉제사에 숱한 농토와 일꾼들 건사하기는 쉽지 않다. 이즈음 며느리들이라면 엄두도 못 냈을 그 일을 어머님은 묵묵히 지극정성으로 감내하셨다. 한약국을 하시던 큰아버님은 읍내로 나가 자리를 잡으셨고, 초등학교 교사인 작은 아버님은 임지 따라 옮겨 다니셔서다.

그래서 70이 넘어 서울 큰아들네로 오실 때까지 무던하고 인정 많은 분이라는 근동의 칭송을 받으며 사셨다. 학교는 못 다녔지만 기억력이 뛰어나고 총명해, 한번 간 길은 자가용을 타고 갔어도 찾아내실 정도다.

어머님과 큰며느리는 48세의 원숙한 중년부인과 26세의 꿈 속을 헤매는 새댁으로 만나 50년 가까이 그 인연을 이어가고 있다. 신행해 처음 시댁에 갔을 때 큰며느리는 5세, 7세인 시동생들의 인사를 받고는 너무 어려 깜짝 놀랐다. 막내는 때와 장소를 가리지 않고 엄마 젖을 찾는 응석둥이였다.

시집살이는 아니어도 서울에서 태어나 자란 큰며느리에겐, 그녀의 집이 시댁의 신세대들이 서울로 진출하기 위해 꼭 거쳐 가는 간이역이고 기숙사였기에 어머님 못지않게 힘이 들었다. 그래도 모두가 최선을 다하고 아끼는 마음이 넉넉해 많은 역경과 애로를 극복해 나가야 되는 고된 생활도 보람이었다.

그런데 어머님이 서울로 오신 후, 몇 년이 안 돼 이상해지기 시작하셨다. 자녀들과는 달리 며느리들에게는 자상하기보다

엄격한 분이었지만 말없이 지켜보시는 편이었다. 그런 분이 언제부턴지 매사에 의심과 트집, 아니면 불평불만에다가 혼자 있기 싫다, 무섭다 하며 떼를 쓰셨다. 그 덕에 퇴직 후에는 자유롭게 살리라 꿈꾸던 큰며느리까지 집에 갇혀 버리는 신세가 되었다.

그런데도 큰아들이 퇴근해 들어서면 "어이구 이제야 오는구먼. 해 전 사람 구경을 해야 살지." 하는 식이다. 온 종일 어머님 취향대로 시중하느라 힘든 시간을 견딘 큰며느리는 졸지에 병든 시어머니를 나 몰라라 하고 나가 놀다 온 꼴이 되고 만다. 그래도 절대 신뢰에 버금가는 모자 사이에서 구구한 상황 설명은 구차한 변명일 뿐이라 생략하고 만다.

병원에 가 정밀검사를 해보자는 큰며느리의 의견은 고부간의 갈등쯤으로 무시되는 동안 병환은 깊어지고, 이제는 약을 드셔도 별 효험이 없다. 한 집에 사는 손자 손부 증손녀는 물론 아들 며느리까지 잊고 "뉘여? 뉘여?" 하실 때가 많다.

게다가 세 끼니에 커피와 간식도 챙겨드리건 만, 다른 사람이 식사할 때마다 "안 먹었다. 배고파 죽겠다. 네가 언제 밥 줬냐?"며 화를 내신다. 대소변 갈무리도 실수의 연속이다. 수시로 과거 속으로 침잠되어 혼자 말하고 소리 지르고 웃고 우신다. 밤낮이 없고 꿈과 현실의 구별이 모호해 수시로 "다 워딜 간기여? 워디로 갔다냐?" 하며 이 방 저 방 찾아다니신다. 손님이나 낯선이들에게는 "내가 자식을 열 나 나서 여덟을 키웠이

유. 그런디 지금은 아무두 없구먼유. 다 워딜 간긴지. 막내는 배가 엄청이 고플 낀디." 똑 같은 말씀을 되풀이 하신다.

큰아들이 출근을 하고 나자 막내아들을 찾는 어머님의 목소리는 점점 더 높아가고, 참다 못 한 큰며느리는 어제에 이어 또 한 번 막내 동서에게 전화를 한다. 막내동서는 남편에게 어머님의 근황을 소상히 전했다 답할 뿐 온다는 말이 없다. 어머님의 애절한 목소리를 들려주니 그 정도냐며 하하 웃는다. 괘씸한 생각에 얼른 전화를 끊고 시동생 핸드폰 번호를 눌렀다가 신호가 울리기 전에 꺼버린다. 시동생들 입장에서는 "큰형수가 잘 모시면 바쁜 줄 뻔히 아는 엄마가 굳이 우릴 찾겠어?"라고 할 것만 같아서다. 순간 '그래, 너희들 와 봤자 별수도 없이 접빈객에 내 신역만 고되지 뭐.' 하는 생각도 든다.

어머님은 그 많던 자식들이 다 어디로 갔는지 끝내 답을 찾지 못하신 채, 마지막 까지 붙잡고 계시던 큰아들 큰며느리 딸까지 기억 저편으로 떠나 보내셨다. 그로부터 2년 후, 어머님 자세藉勢의 원천이었던 여러 자손들이 지켜보는 가운데 이 세상을 하직하셨다. 문상 온 손님들은 이구동성으로 호상이다, 복 많은 노인이다, 칭송들을 했지만 듣는 나는 몹시 거북했다.

내 영혼이 맑던 날

* **장닭**

갈래바지에 기름한 저고리, 희고 둥근 얼굴에 눈이 큰 계집아이는 누룽지를 손에 든 채 안방 미닫이를 열고 대청으로 나왔다. 어둑해 진 안방에 혼자 있는 것이 싫어 엄마를 찾아 부엌으로 가려했지만 저녁을 짓는 엄마는 들어가라고 할 게 뻔하다.

그럼 건넌방? 고모나 삼촌, 아니면 오빠가 숙제를 할 시간이다. 환영받지는 못해도 쫓아내지는 않을 성 싶긴 하지만 그래도 망설여졌다. 그때였다.

"엄마야, 엄마-."

계집아이의 갑작스런 비명에 건넌방과 부엌, 사랑방 문까지 열리면서 집안에 있던 식구들이 뛰어 나왔다. 순식간의 일이다. 마당에서 암탉들을 거느리고 거드름을 피우던 장닭이 대청으로 뛰어 올라와 계집아이의 손을 꽉 물고 늘어진 것은.

잽싸게 툇마루에서 빗자루를 집어든 오빠 서슬에 쫓겨 내려갔다. 그렇지만 새빨간 벼슬과 갈색과 황금색이 뒤섞인 깃털에 청록색 꽁지를 곧추세운 장닭은, 그 늠름한 기개를 잃지 않고 마당을 서성였다.

그 후부터 장닭은 계집아이가 혼자일 때면 용케 알고 날개를 크게 벌려 푸덕거리며 달려들기를 반복했다. 그때마다 어른들은 웃으며 말했다.

"닭도 애 어른을 알아보는가 보네."

그래서 계집아이에게는 꽤 자랄 때까지 할머니의 옛날이야기 속 호랑이 보다 더 무서운 것이 앞뒤마당을 제패하고 있는 장닭이었다.

그 후 여고생이 된 계집애가 어느 날 문득 생각나, 엄마에게 물었더니 엄마가 말했다.

"그게 너 서너 살 때 일인데, 기억을 하고 있었니? 그 놈이 하두 극성을 떨어 할 수없이 잡아먹었지."

그때 문득 장닭의 목표가 계집아이 손에 들려 있던 누룽지나 과자였을 것이란 생각이 들었다. 장닭은 늘 계집애의 손 아니면 입을 물어서 입술이 터져 피가 나기도 했으니까.

생각해 보면 장닭은 두려운 존재였지만 가솔들의 먹이를 찾는 데는 용감했던 책임감 강하고 위풍당당한 가장이었다. 그로부터, 늘 두려움을 갖게 했 던 장닭은 든든한 가장의 모습으로 계집애의 기억 속에 자리했다.

*크리스마스

 함경북도 어느 산골. 아버지가 근무하시던 회사 사택, 왼편으로 사과 밭이 끝나는 곳에 우람한 느티나무와 쌍둥이 바위를 돌면 교회가 보였다. 하얀 벽, 반듯한 유리창이 세 군데, 양쪽으로 열리는 출입문 앞에 있는 향나무가 오색 테이프로 단장한 날이다. 엄마는 나와 남동생을 데리고 교회에 갔다.

 단발머리에 깜장치마 흰 저고리 차림의 계집애 셋이 무대에 서서 빨간 동그라미가 또렷한 깃발을 들고 무용을 했다. 깃발을 쥐고 두 팔을 벌렸다 모았다 흔들기도 했는데, 한 아이가 깃발을 놓쳐 다른 아이 발에 밟혔다. 그 바람에 뒤에 있던 군인 둘이 앞으로 달려 나왔고, 무용하던 아이들은 쫓기듯이 내려왔다. 그런 소란 중에도 유성기에서는 '헤이다이산노 오깡에데스(군인 아저씨들의 덕분입니다.)' 란 노랫말이 되풀이되어 내 기억 속에 깊이 들어와 박혔다.

 잠시 후 고운 한복에 반듯한 트레머리 차림의 우리 엄마가 앞에 나가 찬송가를 불렀다. 노래가 시작되자 웅성거리던 교인들은 빨려들듯 조용해졌고, 끝났을 때는 팔짱끼고 뒤에 서서 공포 분위기를 만들어 내던 군인들이 느닷없이 박수를 쳐 놀랐다. 그날 엄마의 음성은 참으로 고왔고 자태는 어느 때보다도 아름다웠다.

점차 시국이 어수선해지면서 아버지는 직장의 합숙소에 남고, 우리들은 서울의 할아버지 댁으로 들어갔다. 그 후 오랫동안 어머니는 교회에 가지 못하셨고, 여성들의 사회생활이 허용되지 않던 때라, 노래하는 어머니의 아름다운 모습은 더더욱 볼 수가 없었다. 어머니 말씀에 의하면 그게 나 여섯 살 때 크리스마스였고, 일장기가 떨어져 발에 밟힌 것 때문에 목사님이 큰 곤욕을 치렀다고 하셨다. 일제말기 교회나 신자들이 사찰 대상이었던 시절 이야기다.

내가 그 사실을 확인 하던 날, 어머니의 소녀적 꿈이 성악가였다는 말을 듣고 놀랬다. 우리 여러 남매는 가만가만 불러주는 어머니의 노래와 옛날 이야기를 늘 듣고 자랐지만 어머니에게도 꿈이 있었다는 사실은 상상도 못했다.

내가 철들어 가면서 본 어머니는 근엄한 시부모님 밑에서 6남매의 맏며느리로, 다음에는 8남매의 어머니로 너무도 버거운 삶을 살아 내느라 허덕이셨으니까. 그로부터 어머니의 노래를 들을 때면 아련한 슬픔으로 내 가슴이 아렸다. 이제 크리스마스가 되면, 나는 교인들 앞에서 노래 부르던 아름다운 어머니를 환영과 환청으로 만난다. 어린 내 눈에 천사인 듯 보였던 우리 어머니, 언제 어디에서나 내가 찾으면 바로 곁에 와 계신다.

* 비밀

초등학교 1학년 입학식 날, 머리가 굽실굽실 고수머리의 멋진 남자 선생님이 우리들의 담임이란다. 너무 좋은데,

"애 얘들아, 여 여기 봐."

하는 첫인사가 좀 이상했다. 알고 보니 말을 더듬는 선생님이었다. 말을 더듬으면 친구들끼리는 놀림감인데 선생님들은 괜찮은지, 교장선생님이 혼내거나 쫓아내지는 않는지? 키가 작아 맨 앞에 앉은 계집애는 듣기 거북한 것은 고사하고 걱정이 이만저만이 아니었다.

음악시간이 제일 걱정이다. 선생님은 노래도 더듬을까? 계집아이는 그걸 몰라 몸살이 날 지경이다. 고모나 엄마에게 물어보고 싶었지만 선생님이 말더듬이란 사실을 될 수만 있다면 숨기고 싶어 참았다.

음악 시간.

"이 이제부터 서 선생님을 따 따라해 봐요. 도-미-솔-도-."

그런데 선생님은 노래는 하나도 더듬지 않고 참 잘 불렀다. 그 후 계집애는 음악 시간이 되면 신나게 노래를 따라 했다. 때때로 개구쟁이 남자 아이들이 선생님 흉내를 냈다. 그러면 크고 둥근 눈을 치떠 흘겨보다가 "그만 좀 해라." 소리를 질렀고 듣지 않으면 화가 나 울기도 했다.

선생님이 말을 더듬었단 사실을 오래 비밀로 간직한 채 계집애는 철들어 갔다. 많은 시간이 지난 후, 비밀 아닌 비밀 때

문에 애달아했던 자신을 돌아보며 쓴웃음을 웃었다. 그러나 남의 약점을 감싸려 힘들었던 시간들이 오히려 자신을 기쁘게 했다는 사실도 함께 깨달았다.

계집애는 커 가면서 남이, "이건 비밀이야 혹은 너만 알고 있어야 돼." 라고 말하면 그 말을 가슴속에 넣고 단속 하느라 애를 쓰곤 했다. 그래서 〈임금님 귀는 당나귀 귀〉라는 이야기 속 이발사의 고충에 크게 공감했다.

언제부턴가 계집애는 비밀하면 낮말은 새가 듣고 밤 말은 쥐가 듣는다는 속담을 생각한다. 대부분의 비밀은 부탁한 사람 스스로가 깨는 경우가 더 많을 뿐 아니라, 오래지 않아 비밀이 아닌 것이 된다는 것을 경험해서다. 비밀은 인정받았다는 뿌듯함도 없지 않지만, 곧 감당하기 어려운 중압감 때문에 스스로를 옭매는 밧줄이 된다. 그래서 이제는 가능한 한 그런저런 상황을 피해 갈 궁리만 한다.

남편은 구두쇠

 외출을 할 때면 가끔 모자를 쓴다. 머리숱이 적은데다가 치장하는 솜씨도 서툴고 보니 멋을 빙자한 위장이다. 그런 나를 보고 친구들은 주변(옆)머리는 있는데 소갈(속 중간)머리가 없다며 놀린다. 나는 소갈머리만이 아니라 속이 없다는 말도 심심치 않게 듣고 산다. 손해를 보면서 인심까지 잃는 경우를 두고 하는 말이다.

 그래서 명심을 하건만 고치지를 못하니, 손쓰기 좋아하는 나를 맏며느리 감이라 추어주시던 어른들 탓이랄 밖에는 없다. 선비 정신을 고집하셨던 할아버지, 하늘을 우러러 한 점 부끄러움이 없기를 강조하셨던 아버지, 받기보다는 주기에 힘쓰라신 어머니의 가르침을 제대로 소화시키지 못해 속없는 사람으로 굳어진 것은 아닌지.

나는 누가 "너 돈 있니?"하고 물으면 "응" 하고는 액수까지 말해 버린다. 그래 놓고 상대가 사정을 하면 빌려주고 없으면 보증을 서 주고는 어려운 처지의 친지를 도왔다는 기쁨에 젖곤 했다. 아끼는 옷이나 장신구, 심지어는 화장품 까지도 빌려주고 덜어 주기를 서슴지 않았다. 그렇지만 제대로 돌려 받지 못했을 때의 불쾌함 까지는 감당을 못 해 실망하고 속상해서 화를 냈다.

결혼 초, 남편은 이런 내 약점을 꿰뚫어 보고는 "빚 보증 서는 자식은 낳지도 말랬다" 혹은 "돈 잃고 사람까지 잃는다" 는 말로 경계警戒를 했다. 그러나 지인知人의 청을 거절하지 못해서 나는 비슷한 일로 곤욕 치르기를 되풀이 하며 살아야 했다.

딸의 출산을 도우러 유학 중인 딸네 집엘 갔을 때였다. 사위는 넉넉지 않은 학자금의 일부를 거절하지 못해 동료들에게 빌려주고는 돌려받지 못해 냉가슴을 앓고 있었다. 내 생활방식이 선善이라기보다는 어리석음이란 생각을 할 때여서 그 실상이 더욱 심각하게 여겨졌다.

잠 못 이루는 밤에 이런 경우를 당하면 남편은 어떻게 했을까 생각을 해 보았다. 남편은 돌다리도 몇 번씩 두드려 보고 건너는 완벽 주의자다. 내 판단으로는 융통성 없고 답답한 처사지만 후회 할 일은 안 하고 산다.

맞벌이 부부였던 우리는 결혼 초부터 남편수입은 저축을 하고, 생활은 내가 맡기로 약속을 했다. 그로부터 얼마 지나지 않아서였다. 생각 밖의 지출이 생겨 남편에게 지원을 요청했는데 뜻밖에도 "없다"는 말로 거절을 당했다. 게다가 계획성 없는 살림 솜씨까지 타박을 하는 바람에 내 자존심은 여지없이 상했고 당신은 구두쇠라는 푸념을 하게 했다.

집장만을 위해 적금을 탔을 때 일이다. 그 사실을 안 남편의 친구가 어렵게 아쉬운 소리를 했는데 남편은 우리가 쓸 것이란 말로 거절을 하였다. 잔금 치를 날까지는 얼마동안의 여유가 있어 나는 빌려주자고 했지만, 남편이 오히려 만일의 경우 대체할 방법이 있느냐고 되물었다. 그 일로 '남편은 구두쇠'라는 내 생각은 한층 굳어졌다.

그런데 사위의 형편을 듣고 보니 남편의 생각이나 생활 태도가 옳았다. 초등학교 시절부터 객지생활을 한 그가 사고무친四顧無親한 타향에서 내 방식으로 살았다면 그의 오늘은 없었을 것이다. 더구나 저축보다는 나누는 것이 우선인 나 같은 여자를 만났으니 스스로 지갑 단속을 하는 것은 당연하다. 그는 돈이나 물건만이 아니라 한마디의 말까지도 아끼고 또 아끼는 남자다. 딸 내외를 보면서 남편의 "없다"는 말의 뜻을 비로소 깨달은 것 같았다.

나는 딸과 사위에게 달리 조언을 할 필요가 없었다. 우리 부부가 살아온 이야기 만 듣고도 사위는 장모의 실패담에는 공감을, 장인의 처세에는 고개를 끄덕이며 처방을 알겠다고 기뻐했다. 사위는 지금도 처가에 오면 냉철하고 간 큰 남자로

가정의 대소사大小事에 군림君臨하는 장인의 일거수일투족 擧
手一投足을 경이와 감동으로 바라본다.

나는 오늘도 시내에 나갔다가 모자 가게를 기웃거려 보았
다. 혹여 내게 어울리는 예쁘고 멋진 모자가 있을까 하는 관심
에서다. 그러다 문득 실소했다. 아직도 실속 못 차리는 마음속
은 그대로 둔 채 숱 적은 머리만 가리려는 자신이 우스웠기
때문이다.

생각해 보면 나는 조상님에게 재물 대신 마음의 부(富)를
유산으로 받았는데 분에 넘치는 그 유산 탓에 남편을 구두쇠로
몰아 간 것만 같다. 내 행위가 값 싼 인정의 소치라며 무척이나
각박하게 힐난하면서도 결정적인 어려움엔 묵묵히 그 일을 감
당 해 주는 남편. 평생을 살아도 듣기 좋은 말은 한 마디도
안 하는 철석같은 남자. 왕 구두쇠. 하지만 그 덕에 나는 아직
도 같은 실수를 되풀이하며 속없이 산다.

천일야화 千日夜話

　이즈음 남편은 나를 보고 글을 씁네 하고 나다니더니 여권운동가가 된 기분이냐 하고, 의사는 종속적인 자아에서 탈피해 자생력이 생겼다고 한다. 표현은 다르지만 그것이 내 본연의 모습이다.
　나는 내숭 떨고 눈치 보기보다는 직선적이고 과격한데다가 참을성도 부족했다. 게다가 내 기준에 맞지 않으면 앞뒤 가리지 않고 흥분도 잘 해 자랄 때에는 오빠가 걱정을 많이 했다.
　그러던 내가 결혼하면서는 좀 철이 들었던지 가능한 한 말이나 행동을 자제 왔기에 남편은 그런 대로 괜찮은 여자인 줄 알고 살았나 보다. 그런데 이즈음 내 본성이 자주 표출되는 것을 보고는 당혹해 한다. 사실 나는 작심삼일인 사람이다. 그래도 짧지 않은 세월을 참고 살 수 있었던 것은 친정을 의식한

탓도 있었지만 남편의 일기장 덕분인데 본인은 그 사실을 모른다.

결혼한 지 꽤 지나서다. 한식 차례를 위해 시골 시댁에 갔을 때다. 손아랫동서가 말했다.

"형님, 사랑채 뒷간에 가 보셔요. 뒤지(紙)가 아주버님 일기 같아요"

땅속에 항아리를 묻고 널빤지 두 쪽을 붙여 발판으로 얹어 놓고 볼일 보던 뒷간에는 헌 책과 다 쓴 공책, 연습장들이 쌓여 있었고 작은 상자에는 쓰기 좋게 잘라 놓은 종이쪽지들이 담겨 있었다. 누렇게 바래고 낡은 갱지 조각들은 남편의 일기였다. 나는 그 쪽지와 노끈으로 묶은 일기장 두 권을 더 찾아냈다. 중3 때부터 고2 때(서기1951-1953년)까지 만 3년간의 일기는, 천千 날 남짓한 분량이라 천일야화千日夜話라 이름 지었다.

표현은 서툴렀지만 가난, 무지, 몰이해, 체념은 물론, 희망과 용기, 칠전팔기七顚八起의 다짐까지, 모두가 애처롭고 가엾게만 느껴지는 내용들이었다. 이상과 현실의 괴리, 끓는 피만으로는 감당할 길 없는 사춘기의 고독과 좌절, 또 방황. 모두가 내 누선淚腺을 자극하는 내용들로 채워져 있었다.

남편에게는 그 일기를 쓸 당시 자신의 이상을 향한 고뇌마저도 사치일 수 밖에 없을 만큼 절박한 형편이었던 같았다. 내게는 상상할 수도 없는 한 소년의 순수와 열정이 너무도 절실히 다가와 몸서리를 쳤다.

당시 초등학생이었던 아들은 아빠의 일기를 읽으면서 눈시울을 붉혔고 딸은 일기장을 덮으며 엉엉 울었다. 나는 그간의 모든 불평과 불만을 잊었고 유난히 과묵하고 부모형제를 위해서는 항상 갑옷으로 무장하는 이상한 남자를 이해할 수 있을 것 같았다.

그 후 천일야화는 우리 집 가보로 소장했는데 어려운 일이나 가족 간에 불화가 생기면 해결사가 되어 주곤 했다. 우리 집에서는 나나 아들딸에게 구시대적 사고와 원리원칙을 내세워 운신의 폭을 제한만 하는 남편의 옹고집이 가장 큰 불만이었고 문제였다.

나는 그런 삶의 과정에서 시시때때로 일기장을 보며 대치국면을 화해국면으로 전환시키곤 했다. 그래도 안 풀리면 다시 꺼내 들고 밤새워 읽었다. 천일야화는 노기를 잠재우는 수면제였고 분을 삭이게 하는 소염제였다. 뿐만 아니라 가족의 마음을 하나로 묶어 주기도 하고 성난 마음을 풀어주기도 하는 명약이고 보약이었다.

그러나 이제 천일야화는 자기의 사명을 다하고 은퇴할 때가 된 것 같다. 이즈음 나는 문제가 있으면 일기장을 밤새워 읽으며 낙루하는 대신 남편에게 성내고 대든다. 그러니 전과 같지 않은 내게 남편은 글을 쓰는 것과 연관 지어 역공을 하는 셈이다.

그러나 남편이 모르는 게 또 하나 있다. 나는 늘 '나도 환갑 지나면 이 눈치 저 눈치 보지 않고 옹골차게 내 인생을 살겠다' 다지고 다지며 살았다는 사실이다. 글을 씁네 해서 달라진 것이 아니라 그전부터 벼러온 반란이다.

  그럼에도 불구하고 지금 나는 지는 게 이기는 거다. 지는 게 이기는 거다. 이르시던 어른들의 말씀에 공감한다. 남편에게 맞서는 것이 생각만큼 통쾌하지도 만족하지도 않기 때문이다.

  어차피 천일야화는 내게는 손오공의 머리띠다. 여의봉 하나로 천상천하를 제패한 손오공도 삼장법사의 주문에 반응하는 머리띠로 인해 꼼짝 못하고 순종했다. 그것을 알면서도 오랜 세월 속에 낡아 부스러지고 있는 천일야화를 선뜻 버리지 못하니 나는 못난이다.

살다보면

*낯 익어서

아이들이 초등학교 다닐 때로 기억된다. 남산엘 오르려고 세종호텔 앞에서 버스를 내려 건널목을 찾고 있는데 아주 낯익은 중년 남자가 마주 오고 있었다. 나와 남편은 반사적으로 웃으며 인사를 했다.

나는 간단히
"안녕하세요?"
했고, 남편은
"오랜만 입니다"
하며 손을 내밀었다. 상대방 남자는
"반갑습니다"
하며 두 손으로 악수를 하고 헤어졌다.

앞서 가던 아이들이 이상한 얼굴로 우리를 기다리고 있다가 물었다.

"아빠, 엄마. 이주일 아저씨하고 친구야?"

"아니. 아~ 그렇구나"

"맞다. 저 사람이 바로 코미디언 이주일 씨였구나"

남편과 나는 동시에 대답을 하면서도 실제로는 일면식도 없던 그와의 만남이 그렇게도 이루어질 수 있다는 것이 신기했다. 우리 식구는 약속이라도 한 듯이 걸음을 멈추고 뒤를 돌아다보았다. 그도 이상했는지 뒤돌아보다가 눈이 마주치자 손을 흔들며 멀어져 갔다.

당시 그는 인기 절정에 있는 연예인이었다. 어눌한 말씨와 흐느적거리는 걸음걸이로 많은 사람들에게 웃음을 선사했다. 다른 코미디언들과는 색다른 그의 모습은 우리 가족에게도 인기가 있었다. 그러다 보니 친숙한 얼굴, 다정한 이웃쯤으로 착각을 하게 된 것이다. 그때 우리 세 사람은 너무도 자연스럽고 익숙하게 인사를 나누었고, 아이들이 아니었으면 그가 누구인지는 상기하지 않았을 것이다.

그런 그가 폐암으로 투병 생활을 하면서 금연 운동을 하고 월드컵 경기장에 나와서는 응원을 했다. 그 모습이 애처롭고도 감동적이었다. 오늘 그의 부음을 들었다. 유명인이었지만 너무도 소박한 우리의 이웃으로 다가오던 그의 모습이 붓끝에 어린다.

* **너무 닮아서**

이대梨大 부속 목동병원 정형외과에 진료를 받으러 갔다. 예약 시간이 지났는데도 무작정 기다리란다. 시간에 쫓기는 형편이라 조금은 불쾌하고 또 초조했다.

"이게 얼마 만예요. 아직 여의도에 사세요?"

팔에 기브스를 한 여자가 반갑게 다가와 인사를 했다.

"아니요. 목동으로 이사한 지 오래 됐어요. 팔을 다치셨나 봐요."

나는 생소한 얼굴이었지만 너무도 자연스럽고 친근한 그녀의 태도로 인해 이 여인을 기억해 내지 못하는 자신이 한심스러울 뿐, 모르겠다는 말이 나오지를 않았다.

그녀는 내 이력서를 들고 면접 시험이라도 보는 듯, 아이들은 결혼을 시켰느냐, 남편은 아직도 현직에 있느냐, 시모님도 생존해 계시냐 등등, 시시콜콜 묻고, 나는 간단히 답하는 형국이었다.

어색하고 난처해 '저 혹시 사람을 잘 못 보신 것은 아닌지요?' '죄송하지만 제가 기억을 못하겠는데 누구시죠?' 하고 내가 하려는 말을 되뇌어 보았지만 그녀의 거침없는 태도에 주눅이 들어 말할 기회를 얻지 못하고 쩔쩔맸다.

그때 간호사의 호명은 나를 궁지에서 건져냈다. 재빨리 작별 인사를 하고 진료실로 도망을 쳤다. 진료를 받고 나오니 그녀가 또 앞을 막아 섰다. '아이구' 소리가 절로 나왔다. 그런

데 그녀는 뜻밖에도

"미안해요. 제가 사람을 잘 못 본 것 같아요. 그냥 가려다가 사과하려고 기다렸어요"

했다.

"감사합니다. 나는 내가 기억력이 떨어져 생각이 나지 않는 줄 알고 정말 속상했어요"

"그런데요. 아주머니는 내가 아는 분과 너무도 닮았어요"

말을 마친 그녀는 쾌활한 모습으로 돌아섰다. 짧은 시간이었지만 뇌 기능까지 의심하며 은근히 불안했던 나는 일부러 기다렸다가 자신의 착각을 바로잡아 준 그녀가 고마웠다. 나와 구분이 안 될 정도로 닮았다는 미지의 여인, 인상이 팔자를 만든다는 말이 맞나 보다.

• 서둘다 보니

구두 속에 모래가 들어간 모양이다. 벗어 들고 보니 닮긴 했지만 내 구두가 아니다. 이런 낭패가 없다. 예배가 끝나자마자 서둘러 나오다 이런 실수를 한 것이다. 나는 곧 자모실子母室로 향했다.

"아니, 요즘도 교회에 와서 신발 훔쳐 신고 가는 사람들이 있어?"

계단을 내려오는 젊은 아빠들의 대화다. 어처구니가 없다는 듯, 분개한 목소리다. 나는 급히 물었다.

"신발 잃어버린 사람 지금 어디 있어요?"
"자모실에 있겠죠."

그러나 자모실에는 아무도 없었다. 조급한 마음에 되돌아 나오면서 아기를 안은 엄마들을 찾아 물었다. 그러나 아무도 모른단다. 자모실에서 예배를 본 사람은 30여명에 불과하지만 예배를 마치고 돌아가는 길은 사정이 다르다. 이천 여명의 신도들과 섞여, 가고 남는 일로 북새통을 이루는 것이다.

순간의 실수로 서두른 일이 낭패를 보게 되었다. 그러나 내 실수니 참고 느긋하게 찾아보는 수밖에는 없을 듯싶었다.

"집사님, 좀 기다려 줘. 우리 딸이 신발을 잃어버려서 난리가 났대. 내가 잠깐 가 보고 올게."

수십 명이 들끓는 로비 한가운데서 이렇게 반가운 목소리가 들리다니. 다행스럽게도 그녀는 나와 같은 여전도회 회원이어서 친숙한 사이였다. 그래서 졸지에 신발 도둑이 된 나는 더 이상 난처한 일 없이 자수하여 광명을 찾았다. 그런데

"우리 딸은 좀 까다로워서 비싼 신발만 사 신거든요. 그래서 누가 일부러 바꿔 신고 간 줄 알았대요"

하던 말이 계속 걸렸다.

돈으로 치면 내 신발도 꽤 비싼 오리지날 이태리 제 세무구두다. 이태리 여행 중에 신발이 새는 바람에 얼떨결에 산, 아주 가볍고 편한 고가품이다. 그런 내 구두를 거침없이 꺾어 신고 있던 젊고 아리따운 애기 엄마, 그녀에게는 신발 도둑이 버리

고 간 하찮은 구두였을 게 분명하다.

  무참히 뒤축이 꺾인 세무구두. 나는 끝내 내 구두의 진가를 말하지 못하고 나와, 먼지를 털고 뒤축을 세워 신으면서 끌끌 혀만 찼다.

딸도 아니었습니다

집을 떠나와 딸네 집에 기거한 지 석 달여, 아침부터 추적추적 비가 내린다. 날이 궂으면 길손의 마음은 덩달아 우울해지는데 딸과 손주 녀석들이 감기 몸살로 끙끙대고 있으니 나까지 삭신이 쑤시고 오한이 나는 것만 같다. 이런 와중에도 딸은 남은 세간 처리와 짐 싸기에 쉴 새가 없다.

이곳 미국에서는 이사를 가고 오는 사람들이 청소와 보수비용으로 150$ 씩을 낸다고 한다. 그런데도 입주 당시의 원상을 회복해 두어야 된다니 내 상식으로는 이해가 안 된다. 세입자 위주로 되어 있는 한국과는 달라도 많이 다르다. 청결만이 아니라 못 자국이나 낙서, 식생활의 차이로 생기는 냄새 걱정까지 하는 딸을 보면 어이가 없다.

그러나 이곳의 법이 그렇다며 딸이 애를 태우고 있으니 모르는 체 할 수도 없다. 나는 모두가 나간 호젓한 시간에 흰색 찰흙을 찾아 못 자국을 메우기 시작했다. 때맞춰 관리실 직원이 베이지색과 흰색의 페인트를 배달 해 주고 가니 안성맞춤이다. 소매를 걷어 붙이고 칠을 시작했다. 한참 능률이 오르는 판에 들어 온 딸이 노인네가 힘들게 왜 그런 일을 하느냐며 야단이다.

밖을 내다보니 비 그친 하늘엔 쌍 무지개가 곱다. 나는 두말 않고 산책을 나갔다. 그렇지만 할 일을 두고 누워있지 못하는 딸의 성품을 잘 알고 있기에 내 마음은 고운 무지개를 따라 나서지를 못 하고 딸 주위만 맴 돈다.

딸이 앓아누운 모습을 보기는 출생 후 처음인 것 같다. 제 남편을 먼저 귀국시키고 혼자서 짐 부치고 아이들 돌보며 뒷정리하는 일이 쉽지 않은 모양이다. 일이 버거워서라기보다는 모두가 제 책임이라는 중압감이 더 큰 요인으로 작용 했을 것이다.

맏딸은 살림 밑천이라고 했다. 딸은 그 말을 증명이라도 하듯이 태어나면서부터 무병, 무탈하게 잘 자랐고 내게는 더 없는 힘이 되어 주었다. 직업을 가진 어미를 대신 해 동생 시중은 물론 가정교사 노릇까지 톡톡히 해 냈다.

이번에도 이사를 도와 달라는 구실로 나를 불렀지만 일상에서의 탈출을 갈구하는 어미에게 돌파구를 제공하려는 숨은 뜻이 있었다. 그것이 딸의 진심이었음을 나는 안다. 대학시절에도 휴강이 있으면 친구들과 어울리기 보다는 집으로 뛰어와 청소나 빨래를 해 놓고 나가던 고마운 딸이다.

딸을 키워 출가시키면 아프터써비스 기간이 10년이라고 한다. 산후 조리 는 물론 손주 녀석들이 잘 커서 현관문을 열고 들어 올 수 있을 때 까지는 돌봐 주어야 된다는 계산이란다. 결혼과 동시에 외국으로 떠났던 딸은 항상 그 기간을 빼고 아프터써비스 기간을 셈 하자며 햇수를 뒤로 미루곤 했다. 그만큼 외롭고 힘들었다는 표현일 게다.

한참 만에 돌아오니 쉬고 있어야 할 딸은 뜨거운 물을 마셔가며 칠을 하고 있었다. 이번에는 내가 페인트 공을 부르자고 서둘렀다. 옥신각신 우리는 결론을 내지 못한 채 우선 쉬기로 했다. 딸이 약을 먹고 눕는 것을 보고 나도 아이들 방에 와 누웠다. 책을 뒤적이다 귀를 기울여 보니 딸은 잠이 든 모양이다. 나는 조용히 부엌으로 나가 밥을 눌려 놓고 아이들 방 문틀을 칠하기 시작 했다.

얼마나 지났을까? "엄마" 하는 소리에 돌아다보니 딸이 철철철 울고 있다. 아직은 나도 이 정도의 써비스는 해도 되련만, 저 때문에 페인트칠까지 하는 어미를 보니 저절로 눈물이 난단다. 별반 도움도 못 되면서 공연한 짓을 한 것 같아 짠해지는 마음을 얼버무리고, 나는 얼른 눌은밥을 끓여 같이 먹으며 많지는 않으니 우리가 해보자고 했다.

모녀가 서너 시간만 수고하면 될 듯싶었던 페인트칠은 새벽

에야 끝이 났다. 약 기운 때문인지 생기가 도는 딸은 "엄마, 우리는 누구도 못 말려요" 했고 나는 "아프터써비스 끝"이라고 했다.

그 날 새벽 우리는 협동의 결과에 만족하며 잠자리에 들었다. 자리에 누우니 지난해에 돌아가신 어머니 생각이 간절해진다. 결혼 후 어머니가 내 집에 오셔서 주무신 적이 있었던가? 도무지 기억이 나지 않는다. 어머니를 위해 서비스는 물론 용돈도 넉넉히 드린 적이 없다. 너무도 허망하고 지금 이렇게 딸과 누리는 아름답고 다정한 시간들이 죄송스럽다.

젊을 때는 직장 생활로 아이들 기르는 일과 살림살이를 어머니께 많이 의존했다. 그랬으면서도 나이 들어서는 뫼시고 사는 올케들에게 폐가 된다는 구실로 어머니 찾아뵙기를 이름 있는 날 몇 차례로 년 중 행사처럼 여겼다. 같은 서울에 살면서도 내게는 친정 나들이가 년 중 서너 번을 넘지 않았다.

회한의 뜨거운 눈물이 흐른다.

객 창 밖으로 내리는 비를 보며 우울 했던 마음은 집치장을 완벽하게 마쳤다는 만족감으로 말끔히 개였다. 그러나 돌아가신 어머니에 대한 사모의 정이 밀물처럼 몰려온다. 어머니의 주검 앞에서도 냉정하기만 했던 딸이 이제야 섧게 울면서 엄마를 만나고 싶어 꿈길을 더듬는다.

'어머니, 저는 딸도 아니었습니다!'

여행의 묘미

 금요일 새벽, 남해관광을 가려고 집을 나섰다. 용산역 3층 택시 승하차장에 내려 역사 문을 찾던 중, 저 멀리 높은 빌딩사이로 처음 보는 주홍색 물체가 눈에 띈다. "저게 뭐지?" 곧 사라질 것만 같아 다급하게 옆 친구에게 묻는다. 통상적인 애드발루운 보다 훨씬 더 큰 물체가 꽤 넓은 빌딩 옥상을 다 차지하고, 무거운 듯, 가벼운 듯, 종잡을 수 없이 출렁댄다.

 "달? 맞다. 달!" 그래도 미심적어 곁에 있는 친구에게 거푸 다짐을 받는다. "맞지?" 동트기 직전에 저리 크고 온전한 달을 보다니, 오랜만에 행운을 잡은 듯 기쁘다. 따져보니 오늘이 바로 윤9월 보름이다. 새벽녘에는 그믐달만 본 내게 보름달이라니? 이번 여행길에서의 첫 번째 즐거운 만남이다.

서대전을 지나자 안개로 세상이 온통 뿌옇다. 시계(視界)는 0에 가깝다. 철길 따라 늘어 선 전봇대도 작은 나무들도 작은 역사들 까지도 그 고운 색깔들을 잃고 희미한 그림자로 지나간다. 간간이 자동찻길도 다가오는 듯 사라진다. 승용차로 간다면 전조등을 켜고도 몹시 긴장해 기어 가야될 상황이지만 기차로는 이렇게 마음 편히 갈 수 있으니 느긋하고 포근하다.

　하얀 해가 안간힘을 다해 빛을 쏘아 대지만 안개도 만만치 않다. 차츰 시야가 넓어지면서 색깔들이 되살아난다. 긴 방음벽을 지나 익산역에 닿으니 안개가 힘에 부친 듯 천천히 물러난다. 해님의 승리다. 어제보다 기온이 많이 내려 갈 것이라던 예보는 빗나갔지만 여행객에게는 기쁨이다.

　우리나라 4대 관음 기도처 중 하나라는 남해 금산의 보리암에 오른다. 지대가 높아 한려해상과 남해의 아름다운 경치를 감상할 수 있는 곳이기도 하다. 신라 원효대사가 초당을 짓고 수도하면서 비롯된 곳이지만 태조 이성계가 이곳에서 백일기도를 하고 조선왕조를 열었다고 한다. 그 후 현종이 보리암으로 이름 지어 오늘에 이르렀다.

　산이 높고 계단도 많아 오르고 내리기가 쉽지 않건만 인산인해다. 그 중에는 엎드려 절하고, 합장한 채 기도하며, 탑돌이 하는 사람들도 적지 않다. 이곳에서 기원하면 한 가지 소원은 꼭 이루어진다는 속설 때문일 것이다. 수능 시험이 며칠 남지 않아서인지 학부모로 보이는 이들이 간절하게 발원하는 모습이 아릿하다.

나는 기독교인이면서도 손녀를 위해 저들의 몇 십분의 일도 기도하지 못했다. 다행히 수시전형으로 제가 원하던 대학 입학허가를 받은 손녀가 얼마나 고마운지. 곁에 있다면 끌어안고 둥실둥실 춤이라도 추고 싶다.

그들의 소원이 모두 이루어지기를 기원 할 수 있는 여유에 감사하며 발길을 돌린다.

가천 다랭이 마을. 가난을 이겨보겠다고 한 뼘씩 풀을 뽑고 갈아엎으며 산비탈에 구불구불 계단 모양의 농토를 만들던 거친 손길들이 생각난다. 상처와 굳은살과 주름투성이의 비쩍 마른 손. 내가 아주 어렸을 때, 시골에 가면 이상하게 바라봤던 사람들이 나와 다른 사람들이 아니라는 것을 안 것은 6.25 때다.

낫과 호미 한 자루씩만으로도 우거진 풀을 걷어내고 질긴 풀뿌리를 캐내던 손길 덕분에, 오늘 우리는 참으로 유복한 생활을 하며 그 한 맺힌 땅을 보러온 것이다. 마을이나, 농토들의 보존 상태는 양호한 편이 아니었지만 아직도 그 곳에서 푸성귀 거두고, 고추 따고 깻단을 세우는 노파들을 본다.

이제는 호구지책으로 하는 것이 아니라 소일삼아 하기에 묵히는 땅이 더 많다. 그래도 등 굽은 할머니 몇 분은, 그 밭에서

해가 넘어 갈 때까지 일하다가 거두어들인 채소를 헌 유모차나 끌 망에 담아 싣고 지팡이 삼아 밀고 간다.

마을 앞 쪽빛 바다가 펼쳐지는 곳에 자리한 신식카페가 생경하다. 어느 유명 탈렌트의 소유다. 그 커피 맛을 보겠다고 많은 이들이 몰려간다. 사람들이 많이 모여 장사가 될성부른 곳이면 거의가 대기업 아니면 유명인들의 소유라는 게 조금은 안타깝다. 저 카페가 주민들의 소유라면 하는 바람 때문에 그냥 돌아서는 마음이 착잡하다.

바래길 3코스. 남해에 있는 창선도 해비치 마을에서부터 연곡리 구간(14km)중 4.3km의 길이다. 바래길도 오솔길 둘레길 올레길과 같은 목적으로 만들어 졌다. 왼편으로는 바다, 오른편은 산과들이라 경치는 아름답고 공기는 맑다.

주위는 온통 고사리 밭이다. 비탈이든 골짜기든 손바닥 만한 땅만 있어도 고사리다. 고사리는 따주면 따주는 대로 새순이 나와 3.4모작도 가능하단다. 게다가 가을이 되면 스스로 누워 땅속뿌리와 줄기를 얼지 않게 덮어주며 봄이 되면 썩어 자양분이 되기에 거름을 할 필요도 없단다.

위기가 기회라는 말이 있다. 이곳은 소나무 재선충으로 고사한 소나무 들을 베어내고 고사리를 심어 엄청난 소득을 올리게 되었다는 말에 감동한다. 재선충 확산을 막기 위해, 육지로는 목재마저도 반출할 수 없는 형편에서 찾아낸 대안이 고 소득원으로 자리 잡았다니 얼마나 다행인가. 참신한 발상의 주인공에게 경의를 표하고 싶다.

언젠가 승용차로 훌쩍 지나간 적이 있는 남해 독일 마을이다. 이곳은 파독 광부와 간호사들이 귀국한 후, 삶의 보금자리로 선택한 곳이다. 흰색 벽에 붉은색 지붕, 아름다운 정원이 있는 독일 풍 주택들은 산과 바다를 조망할 수 있는 아름다운 곳에 위치해 있고 자유산책코스가 고즈넉하다.

외관상으로는 부족할 것이 없다. 그러나 시설에 비해 빈약한 전시관, 몇 군데 주인이 떠나간 빈집이 보는 이의 마음을 아프게 한다. 그들이 피와 땀으로 이룩한 이곳을 떠나야 했던 사연을 알 수는 없어도 적지 않은 고뇌가 있었을 것이라는 짐작이 가서다.

그에 비해 인접해 있는 원예예술촌은 '꿈을 담은 정원'이란 이름처럼 아름답고 정겹다. 20명의 원예인들이 집과 뜰을 작품으로 조성한 마을, 세계 어디에 내 놓아도 자랑거리가 될 만하다. 산책로 전망대 팔각정, 온실 카페 야외 공연장 문화관 등등……. 문화관에는 선물가게에 체험실, 식당 전시장 영상실 없는 게 없다.

입장료 5000원이 아깝지 않다. 입지는 산비탈이지만 바로 오르는 계단 외에도, 미니카나 유모차가 구불구불 돌아 갈 수 있는 길이 있어 보행이 불편한 사람들도 두루 돌아볼 수가 있다. 만족스럽다.

그러나 인접한 독일 마을이 낙후되어 가는 모습이 더 비교되어 안쓰럽다. 관계자 모두가 연합하면 좀 더 바람직한 관광 상품으로 만들 수도 있을 텐데 하는 아쉬움을 안고 차에 오른다.

하동군 악양면 평사리, 박경리의 대하소설 토지에 나오는 최 참판 댁이다. 올 때마다 옛 모습을 잃어가는 것 같아 아쉽다. 지금은 촬영장과 주민들이 실제로 거주하는 초가가 어울려 실제 마을 같은 인상을 준다고 자랑한다. 그러나 시골풍은 사라지고 가게가 더 많아 북새통을 이루니 빨리 빠져 나가고만 싶다.

대방마님의 서슬이 새파랗던 안채, 병약한 서방님과 혼인한 새댁이 외로움을 견디던 별당, 분장한 최 참판이 좌정한 사랑채에도 와자한 인파 속에 사색할 겨를은 없다. 그 와중에 어느 소속인지 모르는 청소년 사물놀이패들까지 뒤섞여 북새통이다.

꾸무럭대던 날씨가 드디어 비를 내린다. 머물고 싶은 손에게는 이슬비요 보내고 싶은 주인에게는 가랑비다. 모자를 차에 두고 내린 탓에 방수 처리 된 아웃도어였지만 우산이 필요하다. 가게에 들어가 우산을 집어 드니 주인이 달려와 정가가 잘못되었다며 금세 5자를 8자로 고쳐 내민다. 싫으면 3000원짜리 비닐우산을 가져가란다. 순간 '비닐우산 두 개를 사다가 날이 개면 승합차에 비품용으로 두고 가?' 하는 생각이 든다. 그런데 비닐우산은 하나만 남았단다. 둘이 받기에는 너무 작아 8000원을 주고 접는 우산을 펼쳐든다. 올려 받는 돈이 그리 크지는 않은데도 돌아서는 마음이 못내 씁쓸하다.

그러나 여행의 묘미는 이런저런 만남이다. 일면식도 없이 살던 사람들이 만나 같은 차에 타고 한상에서 먹고 한 호텔에서 자며, 생소한 환경과 자연을 감상한다. 느낌은 각자가 달라도 넘쳐나는 관광객들 속에서 일행을 챙기는 마음들이 살뜰하다.

노옹의 회고담

 고모님이 외출을 힘들어 하셔서 박씨녀 3대가 가끔 고모님 댁에 모여 회포를 푼다. 구순이 넘은 고모부는 우리들 편하라고 늘 자리를 피해 주시는데 하루는 "나도 여기 끼어 옛날이야기 하나 해줄까?" 하셨다. 평생을 언론계에 종사하신 고모부는 준수한 풍채에 유머와 재기 넘치는 언변으로 늘 주변을 즐겁게 이끄는 분이다. 그러니 쌍수로 환영을 할 밖에.

 손이 귀한 안동김씨 댁 막내아들을 아버지로 해서 태어 난 고모부는 서너 살 무렵부터 신동이란 소문이 자자했다. 자식이 없는 큰아버지가 탐을 내, 아버지를 보기만하면 "다음에 네 처가 아들을 낳으면 저 녀석은 내게 보내라."를 거듭했다. 가통은 장자계승이 우선이고 당연시했던 시절이었다. 호방하고 욕심이 없는 아버지는 '형님은 가통을 이어야 할 책임이 있고 학식이나 인품이 남다르고, 가세마저 넉넉하니 우리 신동 뒷바라지는 떼 논 당상 일 터, 형님께 나중에 보낼 이유가 있겠나?' 하는 생각이 들었다.

그래서 아이는 여섯 살이 되자 큰댁의 양자가 되었다. 아버지는 그 사연을 아이에게 간략하게 설명하고는 다짐을 받았다.

"이제부터는 큰아버지가 아버지, 큰어머니가 어머니, 우리는 작은아버지, 작은어머니가 되는 것이니 그리 알고 언제 어디서나 잊지 말거라."

큰댁은, 누이와 여동생, 삼남매가 뒤엉겨 살던 제 집과는 판이했다. 한없이 다정한 큰아버지와 무덤덤한 큰어머니에 나이 지긋한 식모뿐인 큰 집은 고적하고 무료하기만 했다.

아이는 큰아버지와 하루 두 차례 천자문을 익히고 나면, 뜰에 나와 낙서도 하고, 개미나 풀벌레와 벗하고 매미나 잠자리를 잡았다. 늘 혼자일수 밖에 없는 아이는 텃밭의 오이나 가지, 꽃과 풀들이 모두 놀이 감이었다.

큰댁에는 드나드는 사람이 아주 많았다. 그 어른들은 아이를 볼 때마다 물었다. "저분은 누구?" "아버지." "저분은 누구?" "어머니." 눈치가 빤한 아이는 어른들을 한 번도 실망시키지 않았다. 그 중에는 자주 드나들면서 짓궂게 구는 아주머니가 한 분 있었다. 친 부모님이 오면, "저분은?" "작은아버지." "저분은?" "작은어머니."를 거듭하게 하며 재미있어 했다. 아이는 차차 악의가 느껴져 그녀를 피했다. 그러자 그녀는 큰어머니에게 아이의 험담을 심하게 했다. 성품이 못돼 벌레를 마구 잡아 죽인다, 고추나 호박 열매를 크기도 전에 따 짓이긴다, 먹성이 까탈스럽다, 닭이나 강아지를 괴롭힌다는 등등.

아이는 자신의 그런 행동들이 잘못이라는 걸 이해하지 못했지만 어떻게 해야 할지 물어 볼 데도 없었다. 그렇게 여덟 살이 되어 학교에 들어가자 친구들과의 놀이나 공부가 재미있어 다른 생각은 모두 잊었다.

그런데 어느 휴일 오후, 아무도 없는 안채에 그녀가 들어오더니 잔소리를 해댔다. 아이는 문득 '이참에 나도 한 번 대적을 해 봐?' 하는 생각이 들었다. 상급생들이 교실 출입문 위에 칠판지우개를 얹어놓고 여학생들이 백묵가루를 뒤집어쓰게 하던 것이 생각났다.

얼마 후 변소 쪽에서 비명이 터졌다.

"어이쿠, 어떤 놈이야. 옳지, 이놈의 자식 오늘은 가만 안 둘 거야"

그녀가 재를 함빡 뒤집어 쓴 채 고래고래 소리를 지르면서 뛰어 나와 아이를 찾았지만 보이지 않았다.

그날 저녁 늦게야 돌아온 아이에게 큰어머니는 "왜 이리 늦었니? 배고프겠다." 했을 뿐, 별다른 꾸중 없이 그녀의 출입을 통제했다.

아이는 그로부터 큰어머니를 어머니로 받아들였고 차츰 내

집이라는 의식을 갖게 되었다. 그런 큰어머니가 열 살 때 돌아가셨다. 혼자 상주 노릇을 하는데 의지할 곳을 잃은 설움에 한 없이 눈물이 났다. 조객들은 "저 어린 것이 어찌 저리 슬피 울꼬? 생모도 아닌데." 하며 같이 울었다.

어느 날, 단성사 정면에는 큰아버지 사진과 함자가 대문짝보다 크게 내 걸리고 축하객들이 몰려들었다. 단성사에서 상연할 첫 작품(영화)을 큰아버지가 제작하셨단다. 그렇게 개봉 전야제는 성대했으나 관객이 없어 시골, 서울에 넉넉했던 재산을 모두 잃게 돼 큰아버지는 홧병이 나셨다. 영화제작을 권유했던 친구와는 의절했고, 그 끝에 큰아버지가 돌아가셨다.

아이는 열두 살에 또 상주가 되었다. 늘 다정했던 분인데도 눈물이 나지 않았다. 조객들은 "양부가 저를 얼마나 귀여워했는데, 눈물 한 방울을 흘리지 않는다니?" 하며 혀를 끌끌 찼다. 아이의 마음속엔 오직 '나는 이제 어떻게 되나?' 하는 걱정뿐이었다.

양부모를 모두 잃고 본가로 돌아 온 아이는 15세에 남동생 하나를 더해 사남매가 되었다. 가난했지만 그럭저럭 청년으로 자라 대학생이 되었다. 그러나 세월은 잔인했다. 청년의 원대한 꿈 대신 일제를 위한 학도병으로 끌려 가야되는 현실이 앞을 막았다. 피할 길은 도망뿐이었다. 압록강을 건너고 만주를 지나 북경으로 갔다. 생존을 위한 투쟁은 힘겨웠으나 마음은 편했다. 차츰 그 생활에 적응 할 지음 소문만 무성했던 해방이 꿈처럼 찾아왔다. 귀국을 서둘렀지만 교통편이 끊겼다. 우마차, 달구지 가릴 것 없이 타고 걷고 고국을 향한 대장정에 나섰다. 다행히 몇 마디 익혔던 러시아 말이 통해 용정에서 평양까지는 러시아군용 트럭을 얻어 탔다.

궁하면 통한다고 의절한 큰아버지의 친구 아들이 평양에서 개업한 의사라는 사실이 생각나 염치불구하고 찾아갔다. 거지 중에 상거지 꼴이었으나 그 댁에서는 어른 애 없이 반겨 맞아주었고 병실 하나를 거처로 내주었다.

탈진해 쓰러졌던 청년이 며칠 만에 정신을 차리고 보니 병원에는 아가씨 한명과 의사인 이 댁 아들만 보일뿐, 다른 사람은 그림자도 안 보였다. 아가씨에게 까닭을 물으니 당신은 그동안 전염병인 장질부사로 사경을 헤맸다. 이 댁은 월남 할 준비를 다 해놓고 당신이 도착하던 다음 날 아침에 떠날 참이었는데, 당신 때문에 보름 가까이 미루고 있는 것이다. 나는 이 병원 간호사로 일했고 이미 퇴직을 했지만 어른들의 간곡한 부탁으로 간병을 하고 있는 것이라 했다.

순간 청년은 정신이 번쩍 들었다. 나 때문에 노부모와 자식까지 인질로 잡힌 꼴이 아닌가. 청년은 곧 자신을 두고 떠나도록 말했지만 그들은 일주일을 더 요양하게 한 후 함께 떠났다. 다행히 위기의 순간순간을 넘기고 전원이 무사히 3.8선을 넘어 서울에 도착 했다. 청년은 그로인해 신뿐 아니라 모두에게 감사했고 범사에 감사하는 생활을 하게 되었다.

고모부는 사회적으로도 명성을 얻었고 5남매도 잘 키워 노후가 다복하시다. 그런데 어린 시절 그런 아픔이 있었을 줄이야. 뜻밖이다.

대범했던 큰어머니의 깊은 속정. 얄밉기 짝이 없었던 집안 아주머니. 선의로 권했던 사업에 실패 해 의절했지만 끝내 의리를 지킨 양부의 친구와 그 가족들. 고모부는 이런저런 일을 겪으면서 사랑과 용서, 화해 등등, 역경을 통해 남들과 더불어 사는 지혜를 터득하셨단다.

인생 한살이는 가지각색이지만 그 과정에서 겪는 여러 가지 고통을 해소하거나 최소화 시킬 수 있는 명약은 무엇일까? 신뢰, 의리, 인정 등등을 꼽아보지만 아리송하니 정답을 모르겠다. 성경에는 믿음 소망 사랑이고 그 중에 제일은 사랑이라 했다. 그 까닭은 상대의 약점이나 실수 등, 허다한 허물을 덮을 수 있어서라는 말이 새삼 마음에 와 닿는다.

추억 여행
일하는 엄마로 살아가기
비둘기 밥값
살만한 세상
명수와 고수 그리고 하수
평화열차
모두가 욕심이었다
팝콘을 보면
우리의 소원

추억 여행

"선생님, 저 광릉초등학교 때 제자, 정현인데요. 기억 못하시지요? 신문에 실린 선생님 글을 읽고 전화번호를 알아 내 전화했어요."

봄이지만 아직은 쌀쌀한 날씨라 웅숭그리며 재래시장을 도는 참에 걸려온 전화다. 광릉초등학교는 내 초임지다. 언뜻 생각해도 50여 년 전이고 그간 제자들과의 교류가 없었던 터라 반갑기보다 당황했다. 게다가 주변도 소란하여 얼떨결에 내가 다시 걸기로 하고 끊었다.

나는 중등 교사 자격증 덕분에 5·16 직후, 교사임용고사와 1주간 강습을 받은 후 광릉초등학교로 발령을 받았다. 그때 3학년1반을 담임해 정군을 처음 만났다.

정군은 등교 시에는 감색에 흰색 칼라가 달린 양복을 즐겨

입었고, 방과 후면 담임이 좋아 주변을 맴돌다가 틈만 나면 풍금을 만지곤 했더란다. 그 때마다 제지하는 대신 발판을 굴러주면서 도미솔 도미솔 손가락을 짚어주었고, 추울 때는 석탄을 타러 가거나 연탄재를 버리러 가는 아이들에게 선생님 장갑이라도 끼워 보냈단다.

그러나 내게는 지워진 기억이다. 내가 남편으로부터 퇴직 권유를 받아들인 것은 여러 가지 이유에 앞서 교사로서의 초심을 잃고 있다는 자각에서였다. 세월이 흐르면서 나는 학교 일에 책임과 의무를 다하고 수업에는 충실했지만, 아이들을 관용과 사랑으로 대하기보다는 엄정하고 경쟁에서 이기기를 종용하는 교사로 변해갔다.

정군의 말을 듣고 돌아보니 그때의 나는 미숙해서 시행착오의 연속이긴 했지만 아이들과는 하나였던 것 같다. 그저 나를 따르는 아이들이 좋았고 잘 가르치고 싶어서 퇴근 후까지 남아 풍금연습도 하고, 학습준비물도 열심히 만들었다. 당시, 나는 학교 사택에 방 하나를 숙소로 쓰고 있어서 출퇴근의 부담도 없었다.

그 이듬해에는 2학년을 맡았는데 2년이나 더 어린 아이들이라, 갓 깬 병아리처럼 귀엽고 더 애착이 갔다. 수업 외에도 아이들에게 필요한 것을 찾아, 만들고, 그리고, 찾아내고, 그 모든 일들이 무진장 재미가 있어 하루하루가 즐거웠다.

어느 따뜻한 봄, 자연 시간이다. 자연 관찰을 목적으로 논틀

밭틀을 지나 학교 뒤, 동산엘 오른다. 맥고모자 같이 생긴 동산의 챙 부분까지가 허용범위다. 교과서에 나오는 냉이, 꽃다지, 쑥부쟁이 등은 이미 관찰 대상이 아니다. 아이들은 교사의 열 배도 넘는 풀과 꽃 이름들을 알고 식용과 약초에 독초까지 훤하다. 나비나 벌, 여러 종류의 애벌레, 무논에 개구리 알, 올챙이, 거머리, 우렁이 등등도. 오히려 아이들이 선생님이고 교사가 따라가기 바쁜 학생이다.

"와. 우."

밝은 햇빛과 작은 꽃들에 취해 있는 나와 여학생들 앞으로 한 떼의 사내 녀석들이 내닫는다. 놀랄 사이도 없이 몇몇이 엎어지며 환호성이 쏟아진다. 엎어진 아이들이 잡아 든 건 토끼 두 마리다. 재색 큰 놈은 어미요, 새하얗고 작은 놈은 새끼란다. 어쩌다 날랜 토끼가 고사리 손에 잡혔단 말인가? 재색 어미에 하얀 새끼라니 신기하고도, 놀라 바들거리는 토끼는 참으로 가엾다.

반 아이들은 의기충천, 개선의 기쁨을 함께 나눈다. 처음 발견한 녀석으로부터 몰이꾼들의 활약과 최종 포획자의 무용담까지 최대한 과장되게 전해지고 안타깝게 관전자로 남은 녀석들은 부러움을 감추지 못한다. 새내기 교사는 토끼가 위에서 아래로 몰면 그대로 굴러 떨어진다는 것을 그날 처음 알았다.

이어 반에서 키우자, 놓아주자, 약으로 팔자는 의견까지 분분하다. 오늘 학습목표는 자연 관찰. 덕분에 토끼들은 구사일

생, 짧은 꽁지가 빠지게 산위로 튀었다. "잘 가. 또 잡히지 마." 어느새 아이들의 합창이 그 뒤를 따른다.

  1주일에 세 번 있는 체육 시간은 두 번이 4교시다. 5월부터 운동회가 있는 10월 초까지, 수업이 끝나면 땀과 흙과 먼지로 아이들 얼굴이 암팽이다. 우리는 곧바로 교문 밖 구멍가게에서 세수 비누 두 장, 빨래 비누 한 장을 사들고 100여m 떨어진 냇가로 간다. 철마산에서 발원해 팔야리 쪽과 진벌리 쪽으로 돌아 흐르는 두 물이 모여 큰물을 이루는 곳이다.

  아이들은 나보다 앞서 물의 양이 적은 두 물 쪽으로 올라가 남, 여로 나뉘어 맑은 물로 뛰어든다. 나는 당연히 두 물 사이 조금 높직한 삼각의 모래톱에 자리한다. 팬티 바람인 8-9세 꼬마들은 양쪽에서 물장구치며 돌 밑에 숨은 가재도 들춰내고 물고기도 잡고 소금쟁이, 물방개도 놓치지 않는다. 체육시간보다 더 즐겁고 신이 난다. 얇은 나일론 섬유가 주를 이루었던 당시, 벗은 옷들은 교사가 비누칠을 듬뿍해 던져주면 각자 빨아 따끈따끈한 돌 짝 밭에 말려 집에 갈 때면 깨끗해진 옷차림으로 뽀얗게 웃으며 손을 흔들곤 했다.

  그러나 미술시간은 늘 준비물이 부족했다. 12색이 선망이던 때, 6색 크레파스도 없는 아이들이 적지 않았다. 그래도 자료가 넉넉해 마음껏 쓸 수 있는 시간이 있다. 찰흙놀이다. 일주일 전에 아이들과 찰흙이 있다는 야산에 가 양동이 두어 개들이만큼의 흙을 파다가 물에 푼다. 뻘건 흙물을 체로 걸러낸 후

가라 앉혔다가 부대자루 위에 쏟아 말려가면서 놀이에 알맞게 반죽을 한다. 그 작업에 참가한 아이들은 미술 시간에 분단별로 찰흙을 나누어 주면서 "아껴 써. 바닥에 흘리지 마." 등등 우쭐해서 훈수가 많다.

지난해보다 더 빠르게 가을이 깊었다. 교사 발령 후 첫 연구 수업이다. 단원은 학예발표회. 아이들이 더 욕심을 내, 전시회까지 겸하잔다. 노래, 동시, 연극에 무용도 분단끼리 나누어 맡고, 그림과 글, 그림일기를 복도까지 내다 붙인다. 발표회 날, 평소에 말수가 적던 반장 녀석이 어찌나 능숙하게 사회를 보는지 모두가 놀라 한동안 화제가 되었다.

까마득히 잊고 있던 옛날이 이렇게 그리움으로 다가오던 어느 날, 정군의 권유로 초임지를 찾았다.

후문과 이어졌던 논두렁밭두렁은 4차선 도로로 변해 시원스럽기만 한데, 논과 밭, 산기슭까지를 주택과 음식점, 우람하게 느껴지는 4층짜리 어린이 집이 차지했다. 나는 챙 없는 모자모양의 봉우리를 바라보며 강산이 다섯 번이나 변한 세월을 실감할 따름이다.

학교 담을 끼고 돌아도 주택과 음식점들이 널찍하게 자리를 잡고 있어 생소하기만 하다. 상대적으로 조붓해 보이는 학교 앞 길. 산뜻했던 교장 사택, 비누 사던 오두막 구멍가게 대신 여러 개의 문방구, 빵집, 떡볶기집, 만화방 등등이 촘촘히 들어

서서 성시를 이루고 있다.

 그 맑던 냇물은 깊고 견고한 축대에 묻혀 보이지 않고 축대 양쪽엔 저층 아파트와 다세대 주택, 양계장과 육우(肉牛) 사육장까지 넓게 자리를 잡아 앞을 막는다. 방향을 돌려 학교 정문을 들어서니 짐작한 대로 최신식 건물에 내부 시설들도 일류다. 문득 지금 이 곳 아이들과 50년 전 아이들의 행복지수가 궁금해진다.

 이제 내 기억에 10 살짜리로 남아 있는, 금년이 환갑이라는 정군을 만나러 갈 시간이다. 가슴이 설렌다.

(초임교 방문12년 5월 15일)

일하는 엄마로 살아가기

 추석 무렵, 친정 부모님 성묘를 가기로 한 날이다. 오전 7시를 막 넘긴 시각이라 9호선 전동차 안은 아주 한산하다. 차가 선유도 역에 도착하자 앞에는 큰 가방을 메고 뒤에는 서너 살 쯤으로 보이는 사내아이를 업은 젊은 여자가 들어와 맞은편 경로석에 자리를 잡는다. 민소매에 반바지 차림이다. 덜 말린 생머리에 화장기 없는 얼굴이 꽤나 피곤해 보인다.

 그녀는 먼저 아이를 내려놓고 가방을 열더니 1회용 물휴지를 꺼내 아이와 자신의 손을 문지른다. 한 손에 장난감 자동차를 꼭 쥔 아이의 눈은 반쯤 감긴데다가 몸을 제대로 가누지 못하고 흐느적거려 지체장애아 같다. 그녀는 다 쓴 물휴지를 뭉쳐 가방에 넣고 손가락크기의 오이와 당근이 든 비닐봉지를 꺼내 아이에게 먹이려 한다. 아이는 둘 다 싫다며 완강히 버틴

다. 장애아인가 했는데 잠에 취해 얼떨떨했을 뿐인지 이제는 의사 표시도 말도 분명하다.

　잠시 망설이던 그녀는 나 한 입 너 한 입, 구슬린 끝에 오이 반도막을 겨우 먹인다. 그리고는 작은 찬합을 꺼내 체리 몇 알이 담긴 통을 아이에게 들려 준 후 약 봉지를 꺼낸다. 그런 와중에도 연신 출구 위쪽 정류장 안내판에 눈길이 간다. 몹시 초조한가 보다.

　당산역이다. 가루약은 약 숟가락에 담아 도리질하는 아이에게 겨우 먹이고 곧바로 물약 병을 입안에 대고 눌러댄다. 꿀꺽 소리와 함께 아이가 약을 삼킨다. 성공이다.

　국회의사당 역이다. 급히 얇은 치즈 한 조각을 벗겨 아이 입에 밀어 넣는다. 아이는 뱉지 않고 우물거려 바라보는 나까지 안심이 된다. 그녀의 이마에는 땀방울이 송글송글 맺혔지만 의식하지 못한 채 다급히 여의도역에서 탈 때의 모습으로 내린다.

　그 뒤를 쫓는 내 눈에 모자의 상이 짠하게 와 박힌다. 아침 7시도 못 된 시각에 잠이 덜 깬 아이를 업고 나온 그녀. 아이 간식과 약 챙기고 자기 머리감아 빗고 출근 준비까지 하느라고 새벽부터 서둘렀을 모습이 눈에 선하다. 그 큰 가방 속은 만물상. 모르면 몰라도 내가 본 것 외에도 화장도구, 핸드백, 옷가지도 들어 있을 것이다. 십여 분 동안 내가 한 바탕 소동을 벌인 기분이다.

내 짐작으로는 아픈 아이를 어린이 집에 보낼 수 없어, 부모님이나 가까운 친척을 찾아 맡기고 출근 하려는 속내가 분명하다. 젊은 날의 내 모습을 보는 것만 같다. 내 친정 부모님은 그런 딸을 보다 못해 아예 우리 집 근처로 이사 해 아이들을 돌봐 주셨지만 그 희생을 그때는 미처 몰랐다.

종점에서 내린 나는 기다리던 친정 형제들과 합류했다. 지금 5,60대인 그들은 너나없이 손자손녀 돌보는 일에 정성을 쏟고 있다. 온 종일은 아니어도 어미아비가 맡겨 놓고 출근하면 시간 맞춰 어린이 집에 보내고 데려온다. 그래서 부모에게 자식들 뒷바라지는 죽을 때까지라나 보다. 오랜만에 만난 수인사는 잠시, 손자손녀 자랑에 성못길 버스 안은 웃음으로 출렁거린다.

내가 시모님 모시고 4대가 한 집에 살면서 손녀 둘과 씨름을 할 때다. 어느 후배가 선배님은 힘들겠지만 곁에서 보기에는 참 좋다고, 그래서 부럽기까지 하다고. 그 후배는 어느 대학의 시간강사를 거쳐 전임으로 발령을 받을 절호의 기회에, 부모님이 아이들 돌보는 일은 절대로 못 하겠다 해서 포기 했노라면서 아쉬움을 토로했다.

내 주위에도 그런 예는 적지 않다. 여자조카 하나는 유능한 공학 박사로 전도유망한 연구소에 재직했었지만 남매를 키우기 위해 퇴직했고, 질부 하나도 대학병원 의사 직을 사임한 채 두 돌이 못된 딸 육아에 올인하고 있다. 약사인 다른 질부는 약국을 넘기고 시간제로 일을 한다.

그래도 지금은 시설 좋은 어린이 집이 많이 생겨 한결 수월한 편이다. 그럼에도 불구하고 이런 현실과 마주치면 아직도 엄마로 살면서 자기 일하기가 얼마나 버거운지 실감하게 된다.

차에서 내려 선산에 오른다. 풀과 나무가 무성해도 누군가 풀을 깎고 길을 내 놓았기에 오를만하다. 예서제서 "푸석, 푸석" 하기에 둘러보니 알밤 듣는 소리다. 주워 든 알밤이 무척이나 실하고 윤기가 흐른다. 아른거리는 알밤을 들고 나는 자지러지는 아이들의 건강한 웃음과 쿵쾅쿵쾅 발 구르는 소리를 듣고 있다.

비둘기 밥값

 군사정권이 시퍼렇게 날을 세우던 시절이다.
 종로5가에 자리한 국영기업체의 사장은 보안사 출신, 총무부장은 정보부 출신으로 능력 있고 공명정대한 인재라며 낙하산으로 투하된 새파란 젊은이들이었다.
 둘은 손발이 척척 맞아 공기업 부정부패 발본색원拔本塞源이란 목적을 향해 줄달음치는데, 대부분의 직원들은 잘못이 없어도 때때로 마음을 졸이는 상황이었다.
 어느 날, 사장실에 다녀온 부장이 총무과장 책상에다 한 장의 서류를 내팽개치며 말했다.
 "누가 이따위로 기안을 했는지, 당장 다시 해 올려요."
 "이거 비둘기 밥값이잖아요? 이건 이렇게 할 수 밖에 없는 거예요."

50줄에 접어든 과장님 무안해 하지도 않고 천연덕스레 대답했다. 육하원칙에 의해 일목요연하게 다시 하라느니 안 해도 된다느니 잠시 실랑이 끝에 과장님이 직접 결재를 받아 오겠다며 나갔다. 그런데 나갔나보다 했는데 돌아오는 게 아닌가? 과課 직원들은 '그러면 그렇지. 결재는 무슨 결재? 팔팔한 사장에게 핀잔이나 잔뜩 듣고 왔겠지.' 하고는 지레 민망해 열심히 일하는 체했지만 마음은 편치 않았다.

그런데 부장에게 건넨 서류에는 분명 인주색도 선명한 사장 도장이 찍혀 있는 게 아닌가. 내용은 '비둘기 사료 구입의 건'이란 큰 제목 밑에 몇 개월분, 00포, 000원, 그 아래 작성자 이름이 전부였다.

과장님은 놀라 어리둥절해 하는 직원들에게는 빙긋 웃으며 어깨를 한번 으쓱하는 것으로 답했다.

그 바로 직전 사장실 상황. 실장은 출타하고 여비서는 화장실에 간 사이에 과장님은 거침없이 사장님과 독대를 했다.

과장님 아뢰기를, 비둘기는 개돼지 닭처럼 가둬 기르는 가축이 아닙니다. 날아다니며 먹이를 찾는 놈들이 내 것 네 것을 가려 먹겠습니까? 더구나 누가 우리 비둘기 남의 비둘기를 찾아 먹이를 주겠습니까? 고로 우리는 형편껏 사료를 구입해 매일 그 범위 안에서 뿌려주면 됩니다. 모자라면 저희들이 알아서 건물 옥상만이 아니라, 비원 창경원 종묘 같은 데로 오가면서 찾아 먹고 짝짓기도 합니다.

다 듣고 난 사장님, 꽝! 결재 도장 찍어 내밀고는 돌아 나오는 과장님 뒤통수에 대고 말했다.

"듣고 보니, 그 말이 맞네."

우리들이 당시 사장 여비서였던 친구에게 들은 비둘기 밥값 이야기다. 그 자리에 있던 친구들이 모두 박장대소를 했다. 어쩌다 퇴근 후 친구를 만나러 가면, 대머리에 어눌한 말씨와 희죽이 웃는 모습이 가여운 듯 호감이 가던 분이다. 사내에서도 무골호인, 만년과장님으로 회자되었지만 눈치코치 보지 않고 소신껏 정년 다 채우고 퇴직을 해 다행이다 싶었다.

많은 세월이 흘렀지만 지금도 우리는 그 친구와 만나면 가끔 만년과장님의 근황을 묻는다. 연락이 끊긴 것을 몰라서가 아니다. 그 이야기를 통해 밝은 웃음과 따뜻한 마음을 찾을 수가 있어서다.

당시만 해도 우리나라는 민둥산이 많고 보리 고개가 가팔라 민생이 어렵던 때다. 새마을 운동으로 치산치수에 증산이 우선이었다. 지금은 두통거리라지만, 자연보호 차원에서 도시의 비둘기까지 보호 받던 시절 이야기다.

살만한 세상

어느 날 한밤중에 한 종합병원 응급실에서 일어난 아주 작은 사건이다.

"아이야. 아이야. 아이고 아파. 아이고 아파."

응급실 입구가 떠들썩하다. 휠체어에 앉은 빡빡머리에 깡마른 할아버지의 고함은 젊은이를 뺨친다. 어림짐작으로는 90 안팎일 듯싶지만 건장한 아들 둘이 40대로 보이니 그보다 적을 수도 있겠다.

"아이고 나죽네. 이이고 나죽어."

고래고래 소리를 지르는 아버지나 호위무사라면 딱 맞을 폼으로 양 옆에 태평하게 시립한 아들들. 엄살이 심한 아버지와 만성이 된 가족들로 보인다.

응급실 의료진들의 발길이 급해지고 침대 배정과 환의 갈아

입히기와 문진이 신속하게 이루어진다. 그 사이에도 할아버지의 불평과 불만은 이어진다. 아는 것도 많은 듯, 탓도 잔소리도 아파를 후렴구로 달고 줄줄줄 쉼이 없다.

먼저 진통제를 놔라. 빨리 사진을 찍어 원인을 찾아내라. 환자가 의사가 할 일을 앞서 처방하고 지시한다. 의료진들도 부지런히 피를 뽑고, CT와 Xray를 찍으러 침대를 밀고 오간다. 그래도 결과는 한두 시간 후에나 알게 된다는 말에

"두 시간을 어떻게 기다려? 나는 못 기다려. 아이고 아파. 아이고 아파."

응급실이 떠나 갈 지경이다. 진땀을 빼던 의료진들이 20분 후에는 알 수 있을 것 같단다.

"이렇게 아픈데 20분을 어떻게 또 기다리란 말이야. 입원 먼저 시켜 줘."

아버지는 다급해하고 두 아들은 팔짱끼고 여유만만. 보는 이들의 비위를 더욱 상하게 하고 있다. 그래도 응급실의 다른 환자 30여명과 그 가족들은 말이 없다. 무던히도 참고 기다려 주는 모습이 오히려 딱하고 고맙다.

"여기는 다 아픈 사람들예요. 그래도 다 참고 있는 것 당신들 눈에는 안 보여요? 제발 좀 다른 사람 생각도 해줘요."

그때 보호자 중 한 노파가 더는 못 참겠다는 듯 아들들을 향해 한마디를 한다. 팔짱끼고 뻔질거리는 얼굴에 뻣뻣하기 짝이 없는 큰아들. 그에 비하면 훨씬 조신하지만 양손 주머니

에 넣고 서성이는 작은 아들. 주변의 빈축을 사고 있던 차에 속은 후련해도 싸움이 날까 조마조마하다.

다행히 큰아들은 슬그머니 자리를 피하고 작은 아들은
"조금만 더 참아 보세요."
하니 옆 사람에겐지 아버지에겐지 모를 말이다.

그 덕에 잠시 주춤했던 할아버지의 패악이 또 이어진다.
"진통제를 놨다며 왜 아직도 아픈 거야? 왜 아무도 안 와봐?"
의사든 간호사든 누군가가 옆에 없으면 불러 세우곤 일일이 타박이다.

"주사를 왜 이렇게 아프게 놓는 거야. 다른 간호사 오라고 해."

결과는 배안에 변과 가스가 차 아픈 것이라더니 관장을 하나보다. 또 돼지 멱따는 것 같은 괴성으로 응급실을 뒤흔든다.
"좀 조용히 해요. 여기 아픈 사람이 당신뿐이요? 당신 때문에 없던 병도 생기겠소."

옆에서 오래 참고 있던 60대로 보이는 환자의 항의 아닌 비명이다.

잠시 후, 그 할아버지는 휠체어에 앉아 의기양양하게 응급실을 빠져나가며, 이참에 입원해 건강검진을 싹 받을 것이란다. 뭇 사람의 눈총에는 '요걸 몰랐지?' 하는 묘한 표정으로 눈을 맞추면서….
"이놈의 세상은 염치를 몰라야 편하다니까."

살만한 세상

시종을 낱낱이 지켜보며 나도 속이 상하던 터라 옆 노파의 구시렁대는 소리에 고개가 끄덕여진다.

이즈음 종합병원은 보험이 적용되는 다인실(5-6인실) 얻기가 하늘의 별따기다. 입원신청을 하고 마냥 기다리거나 1인실 혹은 2인실로 입원을 한 후, 옮기는 방법이 좀 수월하다. 응급실로 가도 사정은 마찬가지라 며칠씩 대기하는 사이에 치유되거나 우선해서 퇴원하는 사람들도 적지 않단다.

응급실에는 침대 외에도, 누울 수가 없어서 소파에서 지내는 환자들도 십 여 명이나 된다. 우리 옆방에도 60여명, 합하면 환자 수가 백여 명은 되지만 그 할아버지 같은 사람은 없다.

그래서 너나없이 그 할아버지를 빨리 어떻게 든 내보냈으면 했지만 막상 그렇게 떠나고 나니 모두가 닭 쫓던 뭐 꼴이다. 염치없는 사람 하나가 염치 있는 사람 수백의 혼을 쏙 빼놓고 나간 셈이다.

할아버지 일행에 앞서서도 잠시 밖이 소란했었다. 패쌈이라도 했는지 건장한 청년들 여럿이 몰려왔다. 그 서슬에 겁이 났지만 안내에 따라 꼭 필요한 몇 명만 응급외상치료실에서 조용하고 신속하게 치료를 받고 돌아갔다.

한 명은 오른 팔, 또 한 명은 오른 쪽 다리에 기브스를 하고, 머리에 피 묻은 붕대를 감고 험악한 모습으로 들어 온 청년은 하얀 머리띠를 단정하게 맨 모습으로…. 생각해 보니 그들은 모두 염치 있는 사람들이었다.

  염치를 몰라야 편한 세상이라 개탄해도 아직은 염치를 차리느라 불편을 견디는 사람들이 대부분이다. 그래서 아직은 참 살만한 세상이다.

명수와 고수 그리고 하수

 승차권을 사려고 긴 줄 끝에 서서 오래 기다렸다. 드디어 서너 번째다. 신용카드를 꺼내는데 칠십 안팎으로 보이는 할머니가 매표소 코앞으로 다가와 물었다.

 "여기가 표 사는 곳이여?"

 "예, 맞아요. 표를 사시려면 제 뒤에 가 줄을 스셔야 되는데요."

 나와 앞 사람이 동시에 답했다. 그때 매표소 직원이 내 앞의 남자와 내 손에 들린 신용카드를 보았는지 말했다.

 "기계 성능이 나빠 카드는 오래 걸리니, 현금으로 내세요."

 그때 할머니가 냉큼 손에 쥔 만 원 권을 매표원에게 내밀고는

 "현금? 여기, 왕복권으로 한 장."

하고는 잽싸게 거스름돈과 표를 챙겨 '줄을 서라니 말도 안 돼' 하는 표정으로 사라진다. 순식간의 일이다. 순간 나는 낭패감에 '새치기의 고수?' 하면서도 경노우대는 질서에 우선이라고 생각을 돌린다.

이번에는 승차를 위한 줄서기다. 상당한 거리에서 절반쯤 앞으로 왔을 때다. 삼십 중반으로 보이는 남자가 칠 팔세쯤의 아이를 배낭과 함께 내 앞에 세워놓고 간다. 한참 기다려도 남자는 보이지 않고 배낭과 함께 움직이는 아이가 딱해 무심히 거든다.

그런데 승차를 하고보니 그는 어느새 우리 앞자리에 아이와 함께 앉아 있다. '이런 얌체, 너는 새치기의 명수?' 아마도 그는 아이를 내 앞에 세워 놓고는 승차표를 사러 갔던 모양이다. 지금 우리가 사는 세상은 바르기보다 약삭빠른 사람이 잘 사는 세상이긴 하다. 그래도 나는 아이가 이런 편법을 눈치 채지 못했기를 바라고 있다.

오랜만에 친구들과 나들이를 나와 순환열차로 놀이동산을 돌아보려다가 겪은 작은 일들이다. 순간 포착? 아니면 기회 포착? 어찌되었든 세상에는 참 약아빠진 사람들이 많다. 그에 비해 번번이 이런 경우를 당하는 나는 착해보여서 일까 어수룩해 보여서일까? 그때마다 뒷맛이 씁쓸하다. 돌아서는 그들의 의기양양해 하는 모습에서는 살짝 약도 오르지만 외면을 하고 만다.

그러면서도 내 마음은 오래 우울하다. 모두가 무심한데 그런 행위가 눈에 띄어 거슬리는 것, 그걸 보고 화가 나는 것, 그럼에도 불구하고 눈 감는다는 것, 모두가 나 자신을 불편하게 한다. 이런 경우는 누가 나서서 시시비비를 가릴 수도 없거니와 잘못하면 옹졸한 사람취급에 망신당하기 십상이다.

 그러나 이런 소소한 일들의 씨앗들이 무럭무럭 자라, 더 큰 편법이나 불법이 통하는 사회로 굳어져, 이즈음처럼 대형사고가 줄줄이 터지는 것은 아닐까? 아니 그 단초가 되는 것은 분명하다,

 그럭저럭 친구들과의 모임을 끝내고 전철에 오른다. 자리를 잡으니 자연스레 휴대폰 검색이 시작된다. 카카오 톡에 성경말씀 한 구절이 뜬다. 〈악을 행하는 자들 때문에 불평하지 말고 불의를 행하는 자들을 시기하지 말라. (시편 37 장 1 절)〉

 맞다. 내 화나 우울은 그들이 예사로 하는 것을 내가 용납하지 못하는 데 대한 불평이고, 불의에 대한 정의감이라기보다는 시새움이었다. 간단히 정리를 하고나니 마음이 조금은 가벼워진다. 그러나 머릿속은 여전히 회색이다.

 잠시 후, 아기를 앞으로 짊어진 엄마가 큰 가방을 들고 들어온다. 뜻밖에도 선뜻 일어나 자리를 양보한 사람은 경로석에 앉았던 최고령자로 보이는 할아버지다. 잠시 경로석이 술렁인다. 아기엄마도 옆자리의 어른들도 서로 양보하려는 모습을 보니 부끄럽다. 내 옆에 앉았던 청년이 얼른 일어나 아기엄마

의 가방을 잡아끌어다가 자기자리에 앉힌다. 언제부턴가 나는 정의로운 체하면서도 거슬리는 일에만 눈을 밝혔지 내가 해야 할 일에는 외면하는 것이 보통이 되었다.

잠시 후, 나이 많다고 젊은이들이 할 거라고 태연히 앉아있던 나와, 선뜻 자리를 내주던 할아버지와 준수한 청년, 아기엄마, 모두가 지하철에 몸을 맡긴 채 잠잠하다. 스스로 불편을 감수하려던 저들은 '하수?' 영악해야 살 수 있는 세상에서 저 아름다운 하수들 덕분에 내 머리가 맑아진다.

평화열차

1.

추석 연휴가 시작되는 날 아침, 남편은 9일 오후에는 도라산, 10일에는 백마고지를 갈 수 있는 평화열차표를 예매했단다. 긴 연휴에 식구들 세끼 챙길 일이 은근히 걱정되던 나로서는 뜻밖의 횡재다.

덕분에 9일 낮, 우리는 일찌감치 점심을 먹고 가벼운 차림으로 집을 나섰다. 서울 발-도라산 착(13:28-14:50), 평화열차는 세 칸으로, 평화 화합 공존을 상징한다는 그림들로 치장해 그 겉모습만으로도 눈길을 끈다. 바람개비 무늬의 원색 시트와 만화 같은 그림들이 그려진 내부도 아이들에게는 즐거움을 줄 듯 싶다. 통유리로 된 시원한 창문 위로는 민통선 안 사진들이 전시되어 있어 가보지 못한 산하를 아쉬운 마음으로 바라보게 한다.

불과 한 시간 남짓해 임진각을 지나 철교를 건널 때는, 처음이라서인지 가슴이 설렌다. 도라산 역에 내린 우리는 제3땅굴(깊이 73m)과 도라산 전망대를 돌아보는 버스투어를 선택했다. 옛날에 가 본, 들판에 어설퍼 보였던 땅굴 입구보다, 현대식 건물과 시설로 관광자원화 된 이곳이 오히려 낯설다.

우리 측에서 만든 완만한 보도와 모노레일이 북측 땅굴과 만나는 곳에 맑은 물이 샘솟는다. 샘에 떠있는 예쁜 조롱박에 물을 받아 마셔보니, 지하 360m에서 솟아나는 암반수답게 달고 시원하다.

땅굴은 북측이 남쪽으로 판 435m중, 265m 만 견학이 가능하다. 대부분이 바위로 된 굴의 높이는 약 2m 남짓, 안전모 착용은 필수다. 넓이도 그만해 많은 사람들이 오가지만 불편은 없다.

땅굴이 예서제서 발견 될 무렵, 북한은 바다와 육지를 가리지 않고 도발을 계속했고 혹자는 모두가 정부의 공작정치라 말했다. 그들이 이곳에 와 보고도 계속 그렇게 우겨댔을까? 현재가 아무리 불확실한 평화와 공존의 시간이라 해도 아쉬움보다 감사가 더 크다. 소요시간은 30여분, 다음은 도라산 전망대다.

도라산 전망대의 안보관은 굳게 닫혀있고 인솔한 중사가 마당에서 북쪽을 보며 설명을 하는데 따라 일행들의 머리가 움직인다. 날씨가 좋아 망원경 없이도 대성동에는 태극기가, 건너편 기정마을에서는 인공기가 펄럭이는 모습이 보이니 분단국이라는 게 실감난다. 넓고 푸른 들도 부드럽게 이어지는 산등성이도 모두가 한 줄기로 이어졌건만, 철조망과 방호벽, 고지마다 설치된 OP나 GP들이 정신 차려야한다고 일깨워준다.

산과들, 풀과 나무, 잘 가꿔진 논과 밭들……. 그 사이로 숨바꼭질하듯, 간간이 보이는 뽀얀 길들은 누가 만들었을까? 그래 맞다. 우리 군인들의 손길이다. 내 고향처럼 정겨워 맨발로 달려가 걸어보고 싶다. 언젠가 민통선 안에 고향을 둔 친구가 말했다. 군인들 없으면 민통선 안에 들어가 농사짓는 건 꿈도 못 꾼다고. 군인들은 철책선 경비만 하는 게 아니라, 길 내고 닦기, 출입하는 민간인 안전살피기, 풍수해 예방 복구에 일손 돕기 까지, 영일이 없다고 했다.

이따금 날아오르는 새들의 날갯짓, 철 이른 잠자리의 군무까지 눈앞에 펼쳐진 자연은 모두가 고요하고 평화롭기만 하다. 60여 년간 유지된 민통선으로 인해 100% 자연보호구역으로 남아있는 땅. 아직도 저 안 어딘가에 불발탄이 남아있다는 말은 아무리 실제라 해도 믿고 싶지 않다.

이곳은 2002년에 출입이 허용되었었다. 그렇지만 2009년에 광광객중 한명이 민통선을 넘는 불상사로 인해 중단 되었다가 금년 5월에 재개 되었단다. 그래서 신분증 지참과 관광코스에 따른 목걸이 착용은 필수다.

두 시간여의 짧은 만남은 돌아가는 열차(16:37-17:28)를 타기위해 서둘러야 한다. 지금 경의선(03.6.14 연결) 도라산 역은 남한 최북단 역이라기보다는 대륙을 향한 출발점이라 불리기를 희망하고 있다. 열차에 오르기 전, 나도 그 희망 위에 작은 힘을 더해본다.

쾌적한 기차 안, 오늘 곳곳에서 만났던 군인들은 1사단소속이다. 각 고지에 있는 OP에서는 적의 침범을 막기 위한 경계근무를, 길목 곳곳에 있는 Gop에서는 출입자의 신원을 확인한다. 그들의 검게 그을린 얼굴에서 풋풋한 젊음과 열정이 느껴져 든든하고 흐뭇하다. 누가 뭐라 해도 우리의 젊은이들은 자기자리에서 묵묵히 사명감을 갖고 맡은 바 소임을 다하고 있다. 전과 달리 얼룩무늬 군복에 벙거지모자, "필승!" 대신 "안녕하십니까?" 라는 인사말도 인상적이다.

우리의 삶은 규칙과 규율에 너무 얽매어도, 너무 자유분방해도 삐거덕거린다. 알맞다는 것 중용이라는 것에 생각이 미친다. 오늘 만난 군인들에게서는 이즈음 언론의 도마에 오른 왕따나 폭력은 감지되지 않는다. 어딘가 그런 요소가 아직도 숨어 있다면 하루 빨리 바람직한 병영문화로 바뀌면 참 좋겠다. 그래서 오늘 만난 군인들이 훗날 '군복무에 충실했던 그 시간이 참 고귀했다' 회상할 수 있다면 얼마나 좋을까?

그리되기를 빌던 내게서 느닷없이 튀어나온 말은 "안보전선 이상 없음" 이다. 곁에서 어이없다는 듯 바라보던 남편이 한 마디 보탠다.

"오늘, 안보관광 한 번 잘 했군!"

2.

오늘은 지난 8월 1일에 개통되었다는 평화열차를 타고 백마고지 역까지 가는 중이다. 서울(9:27)역을 출발해 서빙고, 청량리 동두천을 지나 철원평야를 달린다. 여승무원들은 모두 친절하고, 고요한 음악이 흐르는 사이사이에 나긋나긋한 안내방송이 들려온다. 속력도 다른 차량들과 시차를 맞춰 운행하느라 완급을 되풀이 하니 내 마음도 느긋하다.

6.25사변 전, 철원은 북한 땅으로 철원평야의 풍족한 농산물과 금강산 관광으로 번창 일로의 도시였다. 그러나 노변풍경은 넉넉한 농촌 풍경일 뿐, 옛날에 번창했던 도시의 흔적은 어디에서도 찾아 볼 수가 없다.

잘 보전된 자연과 평화가 넘쳐나니 얼마 전까지만 해도 출입금지 구역이었다는 느낌은 들지 않는다. 간간히 멀리보이는 큰 주홍색 입간판이 민간인 출입통제 표시 팻말이란다.

백마고지 역은 열차 중단 60여 년 만에 무인기차역으로 2012년11월에 재개되었다. 처음에는 하루 두 번 동두천↔백마고지 간을 운행하다가 지금은 통근열차에 평화열차까지 끼어들었다. 정시(11:44)에 백마고지 역에 내린 우리는 금강산도 식후경이라는 안내원을 따라 대기 중인 버스에 오른다.

역에서 멀지않은 두루미 평화마을 회관은, 철원군과, 마을

부녀회원들의 자원봉사로 운영되고 있다. 식재료는 오대미(쌀)를 비롯해 모두가 이곳에서 채취한 나물과 가꾼 채소들로 만든다는데 아주 맛깔스럽다.

관광은 노동당사로부터 시작된다. 우리나라 등록문화재 22호로 러시아식 3층 건물은 뼈대만 남아 치열했던 전쟁의 상흔을 그대로 보여준다. 정문 계단에는 미군 탱크가 그대로 들이밀려고 올라갔지만 부수지 못하고 내려왔다는 바퀴자국이 선명하고, 남아 있는 벽에는 탄흔이 촘촘하다. 1964년에 이미 수세식 화장실을 만들었다는 게 예사롭지 않아 보이고 외벽은 벽돌 세로 두 장, 내벽은 한 장 반의 두께로 아주 견고해 방음까지 완벽했을 것 같다.

평양에 버금 갈 만큼 중요시했다는 이곳은, 요새로서의 면모를 모두 갖추고 있다. 반동으로 몰려 한번 잡혀 들어가면 죽거나 배신자가 되어서나 나올 수 있었다니, 분단과 전쟁의 쓰라림을 말로 다 표현할 수는 없을 것이다. 죽고 죽이는 것보다 더 잔혹한 고문과 학대, 음모와 배신이 자행되던 곳이라 생각하니 등골이 오싹해진다.

다음 찾아 간 곳은 평화전망대, 안보관에서 브리핑을 하는 사람은 동안(童顔)의 중위다. 3사단이 관할하는 멸공OP로부터 양편의 군 대치 상황과 마을들, 그리고 산과 내 이름까지도 모형과 실제를 겸해 설명은 간단명료했지만 우리의 현실을 알리는 데는 부족함이 없다. 내려다보이는 이쪽이나 건너다보이는 저쪽이나 모두가 하나요, 그 가운데 담으로 둘러싼 풀밭이 그 옛날 궁예가 세웠던 태봉국 도성이라니 애꾸 왕의 비애가 생각나 바라보는 마음이 애닯다.

그때 남편이 중위의 견장을 가리키며 3사단과 백골사단의 관계에 대해 묻는다. 삼각형의 모서리에 별 한 개씩, 가운데는 백골무늬가 선명하다. 중위는 이것이 3사단표식이고 3사단이 바로 백골사단이란다. 3사단은 전쟁 당시 혁혁한 전과에 따라 18연대를 진백골부대, 22연대를 혜산진부대, 23연대를 삼팔선 최선봉 돌파부대로 부르며 이곳 철책수비의 임무를 맡고 있다.

남편은 3사단 휘하 적근산에서 학보병으로 1년6개월을 근무를 했는데 당시 백골부대는 18연대로 그 위상이 대단했단다. 그런데 지금 3사단 모두를 백골사단이라고 하는 것은 어폐가 있다는 말이다. 나는 남편과는 달리 진백골부대의 진이라는 말 속에는, 그 정신을 이어받자는 후예들의 각오가 느껴져 오히려 대견하다는 생각이다.

두루미관은 각종 철새와 자연사한 동물들을 박제해 전시 중이다. 이곳이 청정지역이라 동식물들의 천국이고 생태계연구에 귀중한 자료가 부지기수다. 60년이라는 긴 세월, 인간이 없어 오히려 자연은 스스로 아픈 상처를 온전히 치유한 모습으로 우리 앞에 다가오고 있다.

두루미관 옆에는 민통선 안에 있던 것을 옮겨놓았다는 월정리 역(1988년)이 있다. 역 앞에는 프라스틱 지붕은 씌웠으나 나날이 부식되어가는 객차(디젤 기관차 4001이란 큰 글자 아래쪽에 청량리란 작은 글자가 선명함)와 6.25때 유엔군의 폭격으로 망가졌다는 화물차가 마치 들에 버려져 뒹구는 인골처럼 느껴져 마음이 아프다.

버스 안에서 안내원이 "좌로 보세요." 한다. 좀 멀리 떨어진 철교 침목 받침대에 '끊어진 철길! 금강산 90키로' 란 흰색 글씨가 선명하다. 1926년 일본인들에 의해 건설된 철원↔내금강 간의 전기철도 교량인데, 등록 문화재 112호다. 금강산 선은 총 길이 116.6km로, 남쪽 30km, 북쪽 90km다. 잠시 후, 폐쇄된 철길을 따라 기차 대신 내가 걷는다. 교량 가운데 우뚝 선 철탑 위에 외롭게 얹혀 있는 사기애자 두 개가, 전선은 없어도, 그 옛날 금강산을 오가던 국내 유일의 전기 철도가 여기라고 증명해 주고 있는 듯하다.

교량 아래 한탄강물은 맑고 고요하게 굽어 흐르고 북쪽의 절벽들은 해금강의 일부를 들어다 놓은 듯, 그 위용이 장대하고도 오묘하다. 아름다운 산하 내 조국이란 감탄사가 저절로 입 밖으로 튀어나온다.

백마고지 전망대다. 아니 정확히 말하면 백마고지를 전망할 수 있는 곳, 당시에 백마고지를 사수한 9사단 병사들의 충혼탑과 위령비, 작은 전시관이 있는 곳이다. 위령비 아래 전사자의 이름이 빽빽하다. 그들의 주검과 맞바꾼 것이 바로 내 삶이고 우리의 삶이란 생각에 숙연해진다.

백마고지는 휴전 직전까지 중공군 정예부대와 치열한 전투를 12회, 그 과정에서 빼앗고 뺏기기를 반복해 24회나 승리의 깃발이 바뀌었다는 곳이다. 지금은 민통선 안에 있는 우리군의 OP중 하나로 민간인들은 출입금지 구역이다.

이 고지로 인해 넓고 넓은 철원평야가 우리 손에 들어왔고, 이 곡창지대를 잃어버린 북한 주민들은 배를 곯게 되었다는 곳이기도 하다. 김일성이 이로 인해 3일을 굶고 바라보며 통곡했다는 산도, 지금은 청명한 하늘 아래 아스라하니 평화롭기만 하다. 가는 곳 마다 눈에 거슬리는 주홍색 간판이 여기서도 예외 없다 소리친다.

'네가 아무리 견고해도 언젠간 철거되리라' 중얼대며 흘겨보는 내 눈이 침침해 진다.

*참고
GOP: General out post : 휴전선 감시초소로 최전방 소대병력(소초), 콘크리트 요새(벙커)
Gp : Guard Post : 감시초소, 최전방 초소
OP : Observation Post : 관측소

모두가 욕심이었다

천지가 하얀 속을 나 홀로 내닫고 있다.
"아, 시원해."
가슴을 누르고 있던 돌덩이가 빠져 나간 듯 몸과 마음이 가볍고 상쾌하다.
"여기 있다가 물벼락 맞는 거 아냐?"
남편이다. 그제야 둘러보니 텅 비었던 뱃머리는 남자승객들로 가득차고 여자는 나뿐이다.
"괜찮아요."
짧은 내 대답은 아무에게도 이 자리를 내줄 수 없다는 의사표시다.
어린 시절 나는 긴 빨랫줄에 널린 이불 홑청 사이를 헤집고 다니기를 즐겼다. 그 하얀 속의 은밀하고 편안함이 좋았고 다음으로 건너가는 사이사이에 잠깐씩 올려다 보이는 파란 하늘과 눈부신 햇빛은 경이요 환희였다. 그래서 할머니나 어머니께 꾸중을 들으면서도 또다시 홑청 사이로 숨어들곤 했다.

그런데 바로 지금 여기가 그 홑청 속과 똑같다. 배가 거문도 선착장에서 출발할 때만해도 푸른 하늘과 바다, 그 위에 드리운 섬과 섬의 그림자가 총천연색으로 장관이었다. 그렇지만 지금은 섬 하늘 바다, 해 구름은 물론 수평선까지도 구분이 없는 환한 흰색뿐이다. 그 사이를 뚫고 배가 달린다. 아니 쾌속으로 난다. 그 뱃머리에서 내가 센 바람을 맞고 있다.

몇 주 전 우리는 월요일과 목요일에 십 수 년을 함께 한 그레이스 문우회 동인 두 명을 잃었다. 그중 강여사는 위암으로 병원에 입원해서 진통제로 견디며 우리에게 마지막 한 말이

"죽기가 왜 이렇게 힘들지?"

였다. 그런데 그 말 한마디가 그 자리에 있던 모두의 가슴에 와 꽂혔다. 여름이면 열무김치 알맞게 익히고 콩국수 손수 밀어 동인들 대접하고, 가끔은 시골집에 데리고 가 남편과 애써 가꾼 채소를 푸짐히 준비해 삼겹살 구워 주던 정겨운 여인이다.

이여사는 난소암, 50대 중반이니 아직 젊고 씩씩해 수술을 견뎌 낸 것처럼, 항암치료도 거뜬히 이겨 내리라 믿었다. 그런데

"뇌로 전이 된 것이 문제래요."

라는 통화가 마지막이 되었다. 수술 후에도 ≪좋은 수필≫ 편집장으로 요리와 제빵 선생님으로 영어 회화 공부도 멈추지 않았던 맹렬여성이다. 눈으로 보면 예술, 맛은 환상이라 칭송받던 요리와 빵 맛은 이제 어디서도 대할 수가 없다.

그동안 나는 지인들이나 친족들의 죽음까지도 비교적 담담히 받아들이는 편이었다. 그런데 이번에는 커다란 돌덩이를 내 가슴에 올려놓은 듯, 견디기 어려운 통증에 시달렸다. 게다가 머릿속은 그저 텅 빈 허허로움이 계속되어 나를 괴롭혔다.

그 어려운 항암치료를 받으면서도 그들이 그렇게 소망하던 나눔과 봉사, 사랑의 실천이 이렇게 무의로 끝나다니…. "왜 하필 그 두 사람입니까?" 나는 새삼스레 생과 사의 문제를 절대자에게 묻고 또 물었다. 그러면서 내 간절한 기도가 무위로 끝난 것에 승복하지 못하는 자신을 발견했다. 가당치 않은 욕심이었다. 이 욕심에서 벗어나기 위해 강한 바람이나 센 물을 맞고 싶었다.

옛날 시골 마을 아낙들은 복중에 하루를 틈내서 물이 넉넉히 흘러내는 골짜기로 물을 맞으러 갔다. 자기 몸이 감당할 만큼의 물을 찾아 앉거나 서거나 엎드려 쏟아지는 물줄기를 맞는다. 지치고 쑤시는 몸에 물 안마를 받는 것이다.

이런 내게 남편은 백도 유람선 관광을 권했다. 이래서 시작된 여행이다.

한참 후 저 앞에 검은 점 하나, 또 하나, 백도(白島)다. 섬의 유래에 대해서는 흰색 바위섬이라 붙여진 이름이라는 설과, 섬의 봉우리 수가 아흔아홉 개라 백백(百)자에서 위 한일자를 빼니 흰 백(白)자가 되었다는 설이 있다.

섬이 가까워지자 유람선은 속력을 줄이고 안내 방송을 시작한다. 하백도와 상백도를 왼쪽 방향으로 천천히 돌 테니 잘 보라는 말로 시작된 선장의 열정적인 입담이 걸쭉하다. 어느새 나도 그 빼어난 경관에 취하고 들뜬 분위기에 휩쓸린다.

지금 이곳은 일정한 거리를 두고 배나 사람들의 접근을 엄격히 통제하고 있다. 그 덕에 아름다운 천혜의 섬을 온전히 보존할 수 있으니 참 다행이다.

되돌아오는 뱃길은 해와 구름, 하늘과 바다, 수평선이 선명한 제 색깔로 빛나고, 시원한 뱃길에서 마음껏 바람을 맞은 내 마음도 평온하다. 선실로 들어와 자리에 앉으니 솔솔 잠이 온다. 토막잠에서 깨어나 선착장에 내리니 강여사, 이여사는 나보다 한발 앞서와 저만치서 미소 짓고 있다. 굳이 보내겠다는 마음 역시 욕심이었다.

팝콘을 보면

1.4후퇴 때의 일이다. 우리 할아버지 댁(충북 음성군 생극면 신양리)은 국도변 삼거리로 군사적 요충지라는 곳에 있었고, 파출소와는 지척이었다.

그날은 사나운 눈보라가 유난히 기승을 부렸지만 마을은 피난민들이 몰려 들고나고. 거지꼴을 한 제2국민병 한 떼가 들어와, 주민들이 해 준 주먹밥으로 점심 한 끼를 때운 후, 언 발들을 녹이고 감싸느라 북새통이었다.

저녁 무렵 할아버지 댁은 육군정보부대가 접수해 들어왔다. 그래서 우리 일가는 다음 날 아침 일찍, 서둘러 6.25때 신세를 졌던 할아버지 친구, 노盧 진사 댁으로 피난을 가야했다.

6.25 때 숨어 지내시느라 곤욕을 치룬 할아버지는 가솔들의 거처가 정해지자 고등학생인 오빠와 삼촌을 대동해 서울에서

직장을 따라 남하한다는 아버지와 큰삼촌을 찾아 떠나셨다.

그 후, 오지 마을에 남겨진 우리는 떠난 가족들의 소식은 물론 세상 돌아가는 사정마저 알 길이 없었다. 어느 날인가 중공군이 한강을 건너 수원까지 밀고 내려왔다는 풍문과 함께 할아버지 댁이 삼일간이나 불탔다는 소식이 전해졌다. 이 소식을 듣고 할머니와 어머니는 절망 속에서

"아이구, 어쩐다냐?"

"이제 우리는 어떻게 산다니?"

하며 애를 태우셨다.

그해는 유난히 춥고 눈도 많이 내려, 한 동안은 모두가 눈에 갇혀 지내야 했다. 한참 만에 눈이 녹으며 길이 열리자 할머니는 두루마기 위에 허리띠를 질끈 동이고 집엘 가봐야겠다며 나서셨다. 어머니는 눈길에 무릎을 다쳐 거동을 못하실 정도라, 우리 여러 남매들 중 제일 큰 내가 할머니를 따라나섰다.

소문대로 집은 사라지고 눈 덮인 장독대만 멀쩡했다. 다가가 보니 잿더미로 주저앉은 집 주변은 추녀를 따라 까만 재가 둘러쳐져 집의 얼개만 보였다. 추녀 따라 눈이 녹아 생긴 그 띠마저 없었다면 눈 속에 묻힌 집은 형체조차 알아 볼 수가 없었을 것이다.

할머니는 눈 위에 털썩 주저앉아 "어쩔거나. 어쩔거나." 하며 땅을 치시고 나도 왈칵 눈물이 났다. 할머니의 통곡이 길어지자 은근히 걱정이 되어 할머니 곁에 쪼그리고 앉은 내 눈에,

잿더미 위에 하얗게 흩어진 꽃송이 같은 튀밥이 보였다. 추녀 밑에 쌓아 둔 볏가마니가 타면서 튀겨져 나온 것들이었다. 주워 먹어보니 바삭거리고 고소했다.

당시에는 보석보다 귀한 벼와 쌀가마니를 정보부대가 후퇴하면서 몽땅 불태워 버린 것이다. 불 지른 이들에 대한 원망이 불 일듯 했지만 하소연 할 곳은 없었다. 차라리 이 곡식들을 제2국민병들이나 피난민들에게 나누어주었더라면 덜 억울할 것 같았다.

"곡식은 모두 불 타고, 김장과 고추장은 피난민들이 다 퍼가고 우리는 이제 어떻게 살아요?"

라는 내 말에 할머니는

"산 입에 거미줄 안친다."

라는 한마디뿐이셨다. 통곡하시던 모습과는 달리 그 결연한 태도에 내 걱정은 사라졌고 그 말씀은 내 삶의 좌우명으로 남았다.

할머니와 나는 하릴없이 피난민들이 퍼가고 남은 된장과 간장을 작은 옹배기에 담아 이고 몇 고개를 넘어 피난 간 집으로 돌아왔다. 그날, 어머니를 통해 정보부가 사용하던 집은 적군들에게 어떤 정보도 주지 않기 위해 작전상 불태우고 철수한다는 말을 들었다. 그래서 우리 가족은 모두 애국자라 스스로 위로하면서 마음을 돌렸다.

지금은 개인의 부주의로 당한 피해까지도 국가가 책임져야 된다며 목소리를 높이고 실제로 보상을 받기도 한다. 그러나 그때 우리는 어떤 항의나 보상은커녕 그저 빨갱이들이 설쳐대는 나라가 아니 되기만이 소원이었다.

그 후, 서울이 수복되고 휴전협정을 하고, 헤어졌던 가족들을 만나면서 서울에서의 일상을 되찾게 되었다. 그렇게 세월이 가고 내가 성인이 되어 극장에 갔을 때다. 즉석에서 튀겨 파는 팝콘을 보았다. 재료는 옥수수였지만 1.4후퇴 당시, 불탄 할아버지 집에서 본 꽃모양의 튀밥과 흡사했다.

그때 잊혔던 오래 전 기억들이 되살아났다. 분하고 억울하고 슬프고 막막했던 절망감과 더불어 산입에 거미줄 안친다던 할머니의 말씀. 그 한마디가 우리 모두에게 희망의 메시지가 되어 불굴의 의지로 난관을 극복하게도 했다. 이제 조부모님도 부모님도 먼 길 가시고 호의호식에 길든 우리 아이들은 상상이 안가는 이야기다.

나는 지금도 팝콘을 보면 그 날의 일들이 선명하게 떠올라 가슴이 아리다.

우리의 소원은

 초임 발령을 받아 시골의 작은 초등학교에서 근무한지 달포쯤 지나서다. 해가 뉘엿뉘엿 서산을 넘을 즈음 당직교사인 나 하나뿐, 텅 빈 교정 안팎은 너무도 조용해 고즈넉함을 넘어 무서울 정도였다.

 그때 어디선가 들려 온 노래가 '우리의 소원은 통일'이다. 노래는 애절하게 끊겼다 이어지기를 반복했다. 소리를 따라 교무실을 나섰다. 멀지않은 1학년 1반 교실이다. 슬그머니 들여다보니 내 자취방과 붙은 옆방에 사는 동료 여교사다. 비낀 햇살을 받은 상반신이 환하게 빛났다. 그런데 두 눈을 타고 내리는 눈물이 그치질 않는다.

 풍금을 치며 목청껏 노래를 부르면서 눈물이라니? 처음 객지생활에 적응하느라 애쓰는 나를 살뜰히 보살펴주던 그녀 부부는 늘 밝고 상냥하고 씩씩해, 신혼의 단꿈에 젖어있는 행복한 부부로만 알고 있었는데….

　부모님과 두 동생이 아직도 개성에 살아 있을 것이라는 그녀의 노래는 이웃학교에 근무하는 남편이 늦게 들어오는 날이면 어둠이 내릴 때까지 계속되곤 했다. 그로부터 나도 그 노래를 아이들에게 가르치거나 듣거나 부르게 되면, 그녀와 같이 비감한 마음으로 통일의 염원을 다지곤 했다. 그러나 그 곳을 떠나면서는 통일에 대한 내 염원은 차츰 희석되어 갔고 퇴직 후에는 무심해지고 말았다.

　오늘은 광복 70주년이 되는 날이다. 저녁 설거지를 마치고 나오니 남편은 '나는 대한민국(KBS1)' 이란 특집 방송을 시청하고 있다. 때마침 여야 국회의원들과 수산시장 상인들의 합창이다. 모처럼 시청료가 아깝지 않다는 감동이 인다. 그 중에도 끝나기 직전에 대통령과 여러 합창단원들이 손에 손잡고 부른 '우리의 소원은 통일'은 압권이다. 그곳에는 소통이 어렵다 비난 받는 대통령도, 일일이 남 탓하고 흠이나 잡는 국회의원들도 보이지 않았다. 오직 우리 모두의 소원은 통일로 하나가 된 순간이었다.

　수십 년을 뛰어 넘어 오래 잊혔던 그녀의 모습이 눈에 아른거리며 가슴이 아려 온다. 따라 부르다 보니 내게도 통일의 염원이 절절하게 되 살아 난다.

　지금 80대인 그녀는 알츠하이머와 싸우는 중이다. 그래서 사변 때, 생이별 한 어머니와 동생들과 기억은 잊혀진지 이미 오래다. 그 대신 부모님과 5남매가 행복했던 유년의 뜰을 수시로 드나든다. 이제 그녀의 얼굴에서는 순간순간 환한 미소가 번질 뿐, 회한의 눈물은 흐르지 않는다.

그런데 왜 이 순간 내 눈에서는 눈물이 흐르는 걸까! 지금 목청껏 노래 부르고 있는 저들이 모두 그녀만 같다.

■ 연보

•약력

1938년 서울 종로구 팔판동에서 출생
1957년 2월 ; 진명여고 졸업
1960년 2월 ; 수도여자사범대학 국어과 졸업
1961년 8월 ; 경기도 양주군 광릉 초등학교 발령
1988년 3월 ; 서울 마포초등학교에서 의원면직
1999년 9월 ; 한국수필(100호. 9-10월호)로 등단
2004년 6월 ; 부부수필집 〈대각선 1.5m의 사각동지〉
2014년 6월 ; 수필집 〈모두에게 봄을〉
현재 ; 한국수필가협회 회원. 한국문인회 회원
     그레이스 동인. 자핫골 동인
     신촌에세이포럼 동인

email ; pskk38@hanmail.net.
주소 ; 서울 양천구 목동 서로 38
     목동1단지아파트 120동 1302호 우편 07980
전화 ; 02-2647-4262 010-3192-2647

현대수필가 100인선Ⅱ · **27**
박세경 수필선

낮은 곳에 눈맞추고

초판 인쇄 2016년 10월 5일
초판 발행 2016년 10월 10일

지은이 박세경
펴낸이 서정환
펴낸곳 수필과비평사 · 좋은수필사
주소 서울시 종로구 삼일대로 32길 36(운현신화타워 빌딩) 305호
전화 02)3675-5635, 063)275-4000 팩스 063)274-3131
등록 제 300-2013-133호
이메일 sina321@hanmail.net essay321@hanmail.net

저작권자 ⓒ2016, 박세경
이 책의 저작권은 저자에게 있습니다. 서면에 의한 저자의 허락없이
내용의 일부를 인용하거나 발췌하는 것을 금합니다.

저자와 협의, 인지는 생략합니다
잘못된 책은 바꿔 드립니다

ISBN 979-11-5933-051-3 04810
ISBN 979-11-85796-15-4 (전100권)

값 7,000원

이 도서의 국립중앙도서관 출판예정도서목록(CIP)은 서지정보유통지원시스템 홈페이지
(http://seoji.nl.go.kr)와 국가자료공동목록시스템(http://www.nl.go.kr/kolisnet)에서
이용하실 수 있습니다.(CIP제어번호: CIP2016023563)